L'économie sociale au Québec

Cadre théorique, histoire, réalités et défis

Catalogage avant publication de Bibliothèque et Archives Canada

D'Amours, Martine

L'économie sociale au Québec : cadre théorique, histoire, réalités et défis

Comprend des réf. bibliogr. et un index.

ISBN-13: 978-2-89035-408-1

ISBN-10: 2-89035-408-3

1. Économie sociale – Québec (Province). 2. Économie politique – Aspect sociologique. I. Titre.

HN110.Q8D35 2006   306.309714   C2006-942091-2

Les Éditions Saint-Martin sont reconnaissantes de l'aide financière qu'elles reçoivent du gouvernement du Canada qui, par l'entremise de son Programme d'aide au développement de l'industrie de l'édition, soutient l'ensemble de ses activités d'édition.
Les Éditions Saint-Martin bénéficient de l'aide de la SODEC pour l'ensemble de leur programme de publication et de promotion.
La réalisation de ce document a été rendue possible grâce à l'appui du Conseil de recherches en science humaine du Canada et de l'Université du Québec à Montréal

 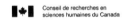

Conception graphique, couverture et mise en page : Andréa Joseph, pagexpress@videotron.ca
Dépôt légal : 4e trimestre 2006
Imprimé au Québec (Canada)

Membre du réseau Coopsco

©2006 Les Éditions Saint-Martin inc.
5000, rue Iberville, bureau 203
Montréal (Québec) H2H 2S6
Tél. : 514-529-0920
Téléc. : 514-529-8384
st-martin@qc.aira.com
www.editions-saintmartin.com

L'économie sociale au Québec

au **Québec**

Cadre théorique, histoire, réalités et défis

Martine D'Amours

aruc : ÉCONOMIE SOCIALE : rqrp

ÉDITIONS SAINT-MARTIN

Table des matières

Liste des figures

Liste des tableaux

Liste des annexes

Préface

L'économie sociale n'est pas une réalité nouvelle. Elle est née en même temps que le capitalisme et en réaction à lui. Parfois en utilisant ce vocable et parfois sous un autre nom, à partir de formes qui varient à travers l'histoire, elle apparaît à différentes époques, souvent dans les périodes de crise, pour répondre à des besoins non satisfaits par l'État ou par le marché.

Depuis le milieu des années 1970, nos sociétés sont traversées par des crises multiples : crise de l'emploi, crise du travail, crise identitaire, exclusion sociale, accompagnées de réflexions sur le rôle de l'État-providence et sur les nouvelles formes de solidarité sociale à développer. Depuis une trentaine d'années également, on a vu naître, se multiplier et se diversifier les initiatives et les pratiques d'économie sociale. À partir de 1996, au Québec, de nouvelles politiques publiques ont été mises en place pour soutenir leur développement.

En raison de ces avancées récentes tant sur le plan théorique que celui de l'action sociale et des politiques publiques, l'économie sociale se trouve actuellement au cœur des grands débats de société. L'économie sociale est un élément de réponse aux problèmes économiques et sociaux, promu par les uns, mis en question par les autres. Dans ce contexte, plusieurs acteurs se disputent le droit de la définir, de la circonscrire, d'en établir les normes et les paramètres. Il y a beaucoup de discussions, mais aussi beaucoup de confusion sur sa signification, sa portée et ses limites.

Le présent document apporte un éclairage scientifique et historique susceptible d'aider à cerner tant les diverses approches théoriques de l'économie sociale que ses configurations organisationnelles et institutionnelles, qui varient selon les pays et les époques. Il en présente les principales définitions, retrace l'histoire et l'évolution de ce concept et des pratiques auxquelles il a donné naissance, explique dans quel contexte l'économie sociale, dans ses diverses composantes, s'est développée au Québec, puis expose les réalités qu'elle recouvre et quelques-uns des défis auxquels elle est confrontée.

Une première version de cet ouvrage a été publiée en 1997 sous les auspices de l'Institut de développement économique communautaire (IFDEC), aujourd'hui disparu. Basée sur une revue de la documentation scientifique et alimentée par l'histoire des pratiques d'économie sociale au Québec, cette première version coordonnée et rédigée par Martine D'Amours, avec la collaboration de Manuel Cisneros et de Michael Toye, avait pu compter sur l'encadrement scientifique de Marie J. Bouchard, Jacques Boucher et Eric Shragge.

La présente édition constitue une nouvelle version ; elle s'appuie sur une recension d'écrits plus abondante et contient de nombreux ajouts relatifs aux politiques publiques, aux institutions intermédiaires et aux mouvements sociaux soutenant le développement de l'économie sociale, ainsi qu'aux nouveaux défis que son expansion récente a fait naître. Elle a été réalisée sous la direction de Martine D'Amours, avec la collaboration de Jean-Marc Fontan, Geneviève Huot et Ralph Rouzier. Les auteurs ont bénéficié de l'assistanat de recherche de Audrey Roulin, ainsi que des commentaires et suggestions de Marguerite Mendell et Marie-Hélène Méthé. Les tableaux et figures, dont la version originale est attribuable à leurs auteurs, ont été redessinés par Andréa Joseph.

Chapitre 1

Replacer l'économie sociale dans une perspective sociétale

Définir l'économie sociale demande de situer la place de l'économie par rapport aux grands secteurs culturels d'une société : le politique, d'un côté, et le social, de l'autre. L'économie n'existe pas à l'état pur, pas plus que le politique n'existe de façon autonome ; ce sont des activités qui par essence sont aussi économiques et sociales.

Le concept d'économie regroupe toutes les activités vouées à la production, à la consommation et à la distribution de biens ou de services. L'histoire récente démontre clairement que les activités économiques peuvent émaner d'autres secteurs que celui du marché. C'est ainsi que l'État, par la voie de l'économie publique, intervient directement dans le champ de la production, de la consommation et de la distribution de biens et de services. Il en est de même pour la société civile, qui, par le biais de la composante associative de l'économie sociale, développe un ensemble d'activités à caractère socioéconomique.

Le concept d'économie traduit une double réalité. D'une part, il regroupe les activités vouées à la production, à la consommation et à la distribution de biens ou de services. D'autre part, il traduit une volonté d'étudier plus spécifiquement les activités qui prennent place sur une scène particulière : le marché. Une scène qui met en relation des individus dans le but premier d'effectuer une transaction de production, de consommation ou de distribution d'un bien ou d'un service.

La définition étroite de l'économie, symbolisée par la scène que représente le marché, a eu pour conséquence d'occulter le fait que d'autres scènes, politiques ou sociales, accueillent dans leurs rangs des activités économiques. L'État comme scène d'action dominante des activités publiques recèle aussi des activités économiques : les sociétés d'État en sont une illustration. La société civile, comme scène d'action dominante d'activités dites sociatives, recèle aussi des activités économiques ; les chambres de commerce ou les organisations syndicales en témoignent.

Loin de se limiter à l'échange marchand, l'économie est donc plurielle puisque ses activités sont mises en œuvre à partir de rationalités qui procèdent tantôt d'une logique marchande, tantôt d'une logique domestique ou de réciprocité, tantôt d'une logique de redistribution (Polanyi, 1944) et tantôt encore d'une combinaison de ces diverses logiques (Laville, 1995). L'activité économique prend alors un sens éthique et une portée culturelle différenciés selon qu'elle relève de manière centrale d'un principe marchand, réciprocitaire ou redistributif.

Cette pluralité observée et étudiée au sein du système économique est aussi présente au sein du système politique relativement à la façon dont est prise en charge la dimension providentielle au sein des sociétés modernes. Cette réalité a été bien illustrée dans les travaux d'Esping-Andersen (1990), repris notamment par Jenson (2004). Les individus ont accès au bien-être par au moins quatre types de ressources : le marché, l'État, la famille et la communauté, et le rôle plus ou moins prépondérant joué par chacun de ces pôles dans la réponse aux besoins sociaux varie selon le type d'État-providence. Les principes économiques mis en lumière par Polanyi — marché, redistribution, réciprocité (qui inclut le don et l'administration domestique) — correspondent donc point pour point aux pôles des régimes de citoyenneté modélisés par Jenson — marché, État, famille et communauté.

L'ÉCONOMIE SOCIALE AU SEIN DU SOUS-SYSTÈME ÉCONOMIQUE

Sur la base d'une vision intégrée de trois grandes sphères sociétales — l'économique, le politique et le social — au sein de l'espace culturel déployé par toute collectivité, comment peut-on définir l'économie sociale ?

Elle est une réalité qui, bien que fort ancienne — son origine remonte au moins à l'Antiquité —, n'en demeure pas moins une notion fondamentalement associée à la modernité. Le terme émerge au début du XIXe siècle, en Europe, pour qualifier la création tant d'une famille unifiée d'organisations — les coopératives, les mutuelles et les associations — que l'application de cadres institutionnels particuliers pour les régir : règles, principes, valeurs du coopératisme, du mutuellisme et de l'associationnisme. Ces nouvelles organisations sont créées sur une base contractuelle, volontaire et démocratique.

Si la sphère économique se développe à l'échelle planétaire en s'adaptant non seulement à des types de sociétés mais aussi aux évolutions que connaîtront ces dernières, il en est ainsi pour l'économie sociale. Parler d'économie sociale pour le Québec revient à cerner les formes particulières que prendra cette économie en fonction du contexte sociétal historique qui la voit émerger et se développer.

Il n'existe donc aucune définition universelle de l'économie sociale. En fonction des périodes historiques et des contextes nationaux, non seulement le terme utilisé pour la qualifier, mais aussi le sens, la portée et la reconnaissance de cette économie varient grandement. Par exemple, au Brésil, sur le plan terminologique, il est davantage question d'économie populaire et solidaire. Aux États-Unis, l'économie sociale est partagée entre des organisations relevant du troisième secteur, le secteur dit sans but lucratif, et le secteur coopératif et mutuelliste.

Il n'existe pas non plus de cadre théorique unique pour expliquer et comprendre l'économie sociale. Dans le prochain chapitre, nous présentons une synthèse des principaux cadres de référence qui ont été conçus au fil des 30 dernières années pour rendre compte de cette économie. Selon certains chercheurs, le statut seul permet de définir ce qu'est une entreprise ou une organisation d'économie sociale alors que, pour d'autres, il importe de considérer les valeurs mobilisées pour identifier l'appartenance ou non à ce secteur. Avant de passer en revue un ensemble de paradigmes ou de théories sur l'économie sociale, nous présentons rapidement notre définition de cette économie.

POUR UNE DÉFINITION SITUÉE DE L'ÉCONOMIE SOCIALE

Nous utilisons une définition de l'économie sociale qui est située dans le temps et qui prend tout son sens en fonction des caractéristiques actuelles de la société québécoise et de son modèle de développement.

Selon nous, l'économie sociale est fondée à la fois sur des statuts juridiques et sur un ensemble de valeurs. Ce vocable unique englobe à la fois les réalités désignées en France sous l'expression *économie sociale*, incluant notamment tout le secteur coopératif, et sous celle d'*économie solidaire*, c'est-à-dire les initiatives qui prennent leur source dans le lien social, se maintiennent par une activité économique et donnent un accès à l'espace public. Elle correspond souvent à ce qu'au Canada anglais on désigne sous le vocable *développement économique communautaire*, à la différence que l'économie sociale place l'accent sur l'entreprise, alors que le développement économique communautaire met l'accent sur le territoire. Les activités recouvertes par l'expression *économie sociale* sont à la fois plus larges et plus restreintes que celles du tiers secteur ou secteur à but non lucratif : plus larges car elles incluent les coopératives et les mutuelles, et plus restreintes car elles n'incluent pas toutes les associations volontaires, mais seulement celles qui ont une activité économique.

Cette conception large de l'économie sociale se présente comme une famille qui serait dotée de trois lignées (voir le tableau 1, qui donne aussi une idée approximative du nombre d'emplois créés dans chacun de ces sous-ensembles) :

- Les coopératives financières, les mutuelles et les grandes coopératives agricoles. Elles forment la première génération des entreprises de l'économie sociale. Ce sont des entreprises structurantes pour le développement économique du Québec. Outre par le fait que leur existence remonte à plus d'une centaine d'années, elles se distinguent par leur grande taille et le nombre important de leurs employés.

• Les entreprises collectives, ayant le statut juridique de coopératives ou d'OBNL (secteur marchand). Elles coexistent avec la première génération, mais se distinguent par leur taille plus petite, leur nombre plus restreint d'employés et leur développement qui prend toute son expansion à partir de 1970. Ces entreprises collectives sont actives notamment dans les secteurs de la petite enfance, de l'aide domestique, de la récupération et de la valorisation des matières recyclables, des loisirs, du logement et de la culture. Elles ont connu un développement important avec la reconnaissance officielle de l'économie sociale par le gouvernement du Québec en 1996 et constituent la quintessence de ce que le gouvernement entend soutenir sous le label d'économie sociale. Ces entreprises collectives s'inscrivent dans une démarche entrepreneuriale formelle et vendent ou tarifent leurs services. Elles tendent à l'autofinancement et sont évaluées sur la base de leur potentiel de création d'emplois. Elles se distinguent en principe de l'entreprise privée traditionnelle par leur caractère démocratique et de finalité sociale, et de l'entreprise publique par leur autonomie de gestion. Dans plusieurs cas, leur développement a été soutenu par la mise en œuvre de politiques sectorielles qui ont contribué fortement à structurer la demande de services.

- Les organismes communautaires (secteur non marchand) et les groupes d'action communautaire autonome. Ces organismes sans but lucratif constituent une troisième génération de l'économie sociale québécoise. Depuis le début des années 1960, ils ont révélé les multiples visages de la pauvreté, de la discrimination et de l'oppression et lutté pour la transformation de ces situations, notamment par la pression politique et par la mise sur pied de services alternatifs. On pense ici notamment aux centres de femmes, aux ressources d'hébergement pour femmes violentées, aux ressources alternatives en santé mentale, aux groupes de jeunes, d'aînés ou de membres de diverses communautés culturelles. À la différence des entreprises collectives, les organismes d'action communautaire autonome ne sont pas tenus à l'exigence d'autofinancement ou de tarification de leurs services et ne sont pas encadrés par une démarche entrepreneuriale formelle.

Nous voyons dans ces trois sous-secteurs un continuum défini par sa différence fondamentale avec le secteur privé à but lucratif (à gauche du tableau) d'une part et avec le secteur public (à droite du tableau) d'autre part. Au-delà de cette définition résiduelle, ces trois composantes sont unies par des statuts juridiques de coopérative, de mutuelle ou d'association (Desroche, 1983), ainsi que par des valeurs de services aux membres ou à la collectivité, d'autonomie de gestion, de fonctionnement démocratique (Defourny, 1991),

Tableau 1

Principales composantes de l'économie sociale au Québec, 2001[1]

Secteur privé à but lucratif	Ancienne économie sociale	Nouvelle économie sociale		Secteur public
	Premier sous-secteur Anciennes coopératives et mutuelles	**Deuxième sous-secteur** Entreprises collectives	**Troisième sous-secteur** Action communautaire autonome	
	Coopératives d'épargne et de crédit (Desjardins): 814 entreprises 36 851 emplois	Autres coopératives: 2 060 entreprises	OBNL marchands (vendent un produit ou un service)	OBNL non marchands (ne vendent ni ne tarifent leurs services)
	Mutuelles d'assurances: 39 entreprises 3 678 emplois	25 060 emplois	3 941 entreprises 45 080 emplois	4 000 organismes 25 000 emplois
	2 grosses coopératives agricoles 12 440 emplois			

Source: D'Amours, 2005

1. Les données des différentes parties du tableau ne doivent pas être additionnées parce qu'il y aurait des doublons (entre 1 000 et 1 500 selon les estimés) entre le secteur des entreprises collectives et celui de l'action communautaire. Elles fournissent un ordre de grandeur plutôt que des données précises et à jour.

par des règles liant une activité économique et une association de personnes (Vienney, 1986) et par l'hybridation des divers principes économiques que sont le marché, la redistribution et la réciprocité (Laville, 1994). Fondamentalement, nous privilégions l'idée de faire reposer la définition de l'économie sociale sur une vision large de l'économie reposant sur les trois principes révélés par les travaux de Polanyi ou sur le projet proposé par les socialistes utopiques du XIXᵉ siècle, plutôt que sur une vision restreinte accordant une place prépondérante au principe marchand et une fonction purement palliative et résiduelle à ses activités (D'Amours, 2005).

Chapitre 2

Les approches théoriques de l'économie sociale

Définir l'économie sociale est un processus à la fois utile et complexe. C'est un processus utile parce qu'il conduit à mettre l'accent, non plus sur l'entreprise considérée isolément, mais sur les caractéristiques d'un secteur et de ses composantes. Ce processus de définition permet aussi de distinguer clairement l'économie sociale d'autres formes d'économie, que ce soit l'économie marchande, l'économie publique, l'économie informelle ou l'économie domestique. Toutefois, ce processus est complexe en raison de la nature même des organisations d'économie sociale, qui combinent une activité économique et un rapport d'association (Desroche, 1983; Vienney, 1994) avec des tensions possibles entre ces deux types de rapports (Lévesque et Mendell, 2004).

LES PRINCIPALES DÉFINITIONS POUR QUALIFIER L'ÉCONOMIE SOCIALE

Dans la littérature européenne, il n'y a pas une mais au moins quatre façons de définir l'économie sociale :

- par les composantes ou le statut juridique (Desroche, 1983) ;

- par les acteurs, les activités et les règles de fonctionnement (Vienney, 1986) ;

- par les valeurs (Defourny, 1992) ;

- par un projet politique, le solidarisme (Laville, 1994).

Ces définitions, que résume la figure 1, ne sont pas mutuellement exclusives et chacune comporte ses avantages et ses inconvénients (Lévesque et Ninacs, 1997).

Par ailleurs, construisant sur ces travaux fondateurs, des chercheurs québécois ont innové dans la conceptualisation de l'économie sociale en l'abordant

- par le caractère ancré, institutionnel, formel et innovant de réponses sociales à des nécessités ou à des aspirations (Lévesque, 2003a) ;

- par une nature identitaire, utopique et pragmatique (Fontan, 2006).

Définition basée sur les composantes ou le statut juridique

Pour le professeur Henri Desroche, président fondateur de l'Union coopérative internationale, l'économie sociale compte trois composantes fondamentales et quatre composantes périphériques (voir figure 2). Les composantes fondamentales sont les coopératives, les mutuelles et les associations (ou organismes) à but non lucratif. Comme l'expliquent Lévesque et Ninacs,

Figure 1
Résumé des critères de définition de l'économie sociale

À partir des composantes (Desroche)

➠ Trois composantes fondamentales

➠ Quatre composantes périphériques

À partir des acteurs, des activités et des règles (Vienney)

➠ Acteurs : relativement dominés

➠ Activités : nécessaires mais délaissées par l'État et le marché

➠ Règles : égalité des personnes, détermination de l'activité par les membres, participation à l'activité suppose la participation à son financement, appropriation durablement collective des excédents

À partir des valeurs (Defourny)

➠ Solidarité

➠ Autonomie

➠ Décision démocratique

➠ Primauté des personnes dans la répartition des revenus

À partir de la dynamique des acteurs et des formes économiques (Laville)

➠ Impulsion réciprocitaire

➠ Accès à l'espace public

➠ Hybridation des formes économiques

Source : D'Amours, 1997

«... leurs statuts légaux sont fondés sur le principe de la primauté de la personne sur le capital et se traduisent par un fonctionnement démocratique selon l'axiome "une personne, un vote" et par une forme particulière de capitalisation qui n'offre aucun avantage individuel aussi bien sur le plan des décisions que sur celui de la redistribution des surplus. De plus, en cas de fermeture, aucun membre ne peut généralement s'approprier individuellement les réserves accumulées» (Lévesque et Ninacs, 1997 : 132).

Les quatre composantes périphériques se situent respectivement à la frontière du secteur privé (entreprise participative), du secteur public (entreprise communale), du secteur syndical (entreprise paritaire) et du secteur communautaire (entreprise communautaire ou populaire). Ainsi, Desroche inclut dans l'économie sociale l'entreprise privée qui aménage des participations aux résultats, à la gestion ou à la propriété jusqu'à atteindre un certain degré de parenté avec l'entreprise coopérative (il nomme cette entreprise «entreprise participative») et c'est à partir de l'expérience québécoise des cliniques communautaires de santé qu'il a ajouté l'entreprise communautaire.

Il faut donc examiner au cas par cas dans quelle mesure ces entreprises frontières partagent des caractéristiques communes avec les coopératives, les mutuelles et les associations. C'est en se basant sur les composantes de l'économie sociale selon Desroche que certains auteurs québécois reconnaissent comme partie prenante de l'économie sociale les fonds de travailleurs (Fonds de solidarité FTQ et FondAction, le fonds de développement de la CSN pour la coopération et l'emploi), de petites entreprises communautaires ayant statut

Figure 2
Les composantes certaines et incertaines de l'économie sociale

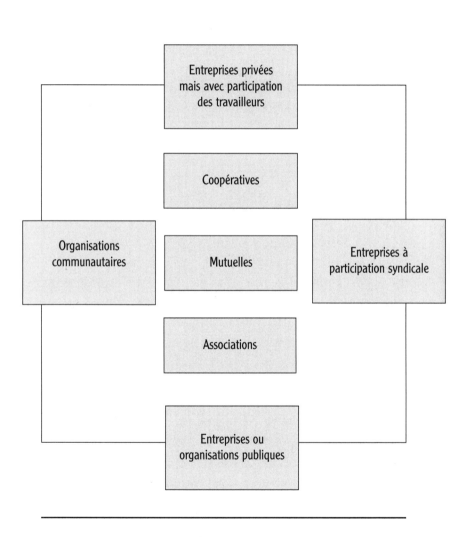

Source : Lévesque et Mendell, 2004. Adaptation de Deroche, 1983.

juridique d'entreprise privée et, en partie, des entreprises publiques, lorsqu'elles offrent des programmes qui permettent de financer les entreprises d'économie sociale, comme c'est le cas d'Investissement Québec.

Cette définition par les composantes comporte l'avantage de faciliter le décompte des entreprises d'économie sociale, du moins pour les coopératives. Pour les associations, c'est plus compliqué : Faudrait-il les inclure toutes en raison de leur statut juridique, ou seulement celles qui exercent une activité économique ? La plupart des auteurs consultés optent pour la deuxième possibilité, tout en prônant une conception large de ce qu'est l'activité économique. Ainsi, selon Defourny, la composante associative de l'économie sociale regroupe à la fois les organismes à but non lucratif qui produisent des biens ou des services marchands, c'est-à-dire faisant l'objet d'une vente ou d'une tarification, et ceux qui produisent des biens ou des services non marchands, c'est-à-dire dont le financement « n'est pas assuré par un prix de marché destiné à couvrir au moins le coût de production, mais plutôt par des contributions obligatoires (impôts) et/ou volontaires (dons, cotisations, etc.) » (Defourny, 1994 : 84).

Définition basée sur les acteurs, les activités et les règles

Plutôt que d'identifier des composantes de l'économie sociale, il faut, selon l'économiste Claude Vienney, mettre en évidence les caractéristiques (principes, règles de fonctionnement et types d'activités) et les forces sociales (acteurs) qui ont créé ces entreprises différentes des autres. Les composantes découleront à leur tour de ces règles, activités et acteurs. Il écrit dans son ouvrage de référence paru en 1994 :

« Ce sont des combinaisons de critères juridiques, économiques et sociologiques qui permettent de délimiter
et de structurer le champ des organisations de l'économie sociale en 1990.

a) Les clauses contenues dans leurs statuts juridiques
   correspondent à des règles que l'on peut regrouper
   autour de quatre grands principes : — l'identification réciproque des personnes associées et de
   l'activité d'une entreprise ; — égalité des associés,
   indépendamment de leur participation au financement et à l'activité de cette entreprise ; — s'il est
   admis, partage des excédents entre les associés proportionnellement à leur participation à l'activité ;
   — propriété durablement collective des bénéfices
   réinvestis. [...].

b) Le repérage des places de leurs activités dans l'économie correspond assez directement à ces identifi-
   cations juridiques, puisque les statuts précisent
   pourquoi les personnes s'associent. [...].

c) Leurs compositions sociales respectives sont donc
   également en correspondance avec ces statuts juridiques et ces activités économiques. Dans toutes ces
   organisations, par différence avec les entreprises de
   type capitaliste ou publiques, ce sont en effet des
   participants à l'activité qui accèdent à la propriété
   des moyens de production et assument les fonc-
   tions de l'entrepreneur, selon leur intérêt pour cette
   activité » (Vienney, 1994 : 7-9).

Il s'agit donc d'organisations qui permettent à des
acteurs relativement dominés de prendre en charge des
activités nécessaires mais délaissées par les agents dominants

de leur environnement. Ainsi, dans l'entreprise coopérative qui sert ici de modèle, il existe au moins quatre types de règles :

- une règle relative à l'association : le fonctionnement démocratique (un membre, un vote) ;

- une règle liant les membres et l'entreprise : la détermination de l'activité de l'entreprise par les membres ;

- une règle liant l'entreprise et les membres : la distribution des surplus ;

- une règle relative à l'entreprise : la propriété durablement collective des excédents réinvestis.

L'apport original de Vienney a été d'expliquer la naissance des entreprises d'économie sociale par la présence de trois types d'éléments et leur conjonction, c'est-à-dire des acteurs, des activités et un certain nombre de règles (voir figure 3). Dans son analyse, des acteurs relativement dominés, par exemple des petits producteurs agricoles ou des pêcheurs, se sont donné collectivement un pouvoir d'entrepreneur pour sauvegarder des activités en proie à des perturbations ou pour satisfaire des besoins non comblés par le marché. Les activités ainsi créées, des coopératives dans ce cas-ci pour l'achat d'intrants et pour la commercialisation de produits, avaient en commun, au moment de leur création, d'être délaissées par l'économie marchande.

Afin de régir leur double rapport d'activité et de sociétariat, ces acteurs ont adopté un système de règles relatives à la libre adhésion, à la gestion démocratique, à la constitution

---

Figure 3
L'économie sociale par les acteurs, les activités et les règles (Vienney)

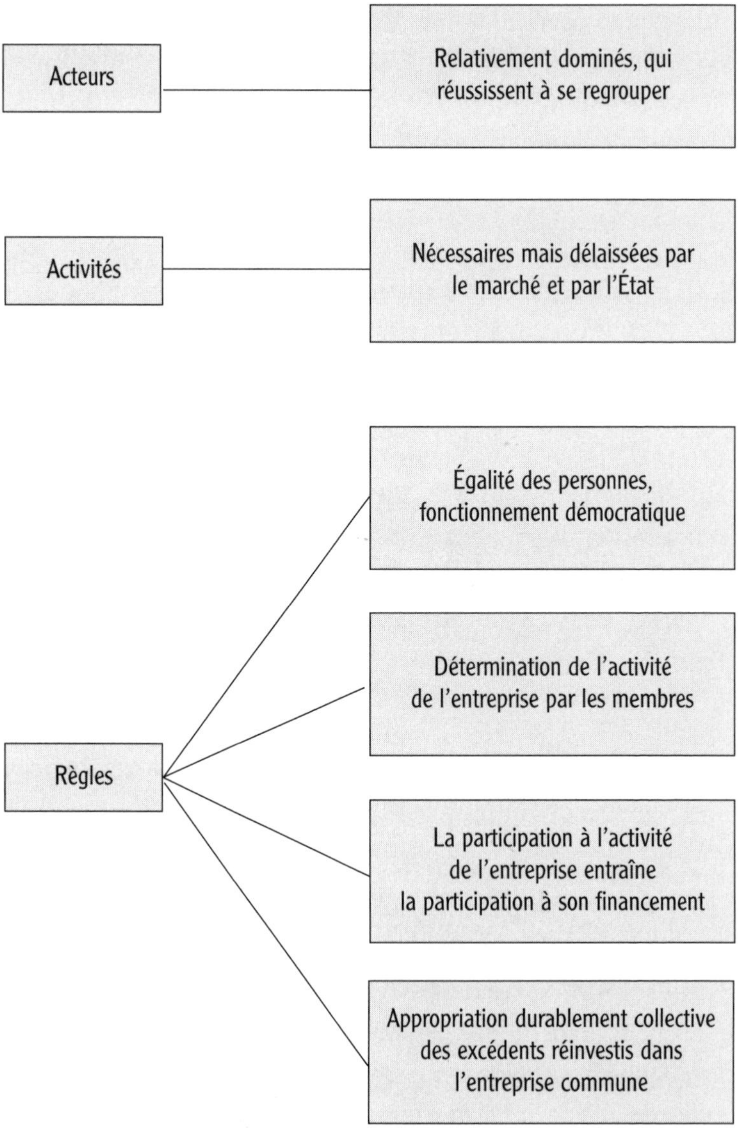

Acteurs	—	Relativement dominés, qui réussissent à se regrouper

Activités	—	Nécessaires mais délaissées par le marché et par l'État

Règles :
- Égalité des personnes, fonctionnement démocratique
- Détermination de l'activité de l'entreprise par les membres
- La participation à l'activité de l'entreprise entraîne la participation à son financement
- Appropriation durablement collective des excédents réinvestis dans l'entreprise commune

---

Source : Vienney, 1986

de réserves impartageables, à la limitation de l'intérêt payé sur le capital, à la répartition de l'excédent au prorata des activités des adhérents, à l'intercoopération, etc. Ces règles, qui étaient déjà définies dans la *Loi première des équitables pionniers de Rochdale* (voir chapitre suivant), se retrouvent aujourd'hui dans la *Déclaration sur l'identité coopérative* (Alliance coopérative internationale, 1966). Plus près de nous, elles ont inspiré la *Loi québécoise sur les coopératives*.

Cette manière de définir l'économie sociale a l'avantage de cerner cette réalité à partir de règles concrètes dont on peut constater ou non la présence. Cependant, elle comporte l'inconvénient d'être assez étroite. Elle a été critiquée notamment par Jean-Louis Laville, qui lui reprochait de réduire le mobile des acteurs d'économie sociale à un calcul stratégique, en oubliant l'importance de la réciprocité et du don dans l'émergence de ces expériences (Laville, 1995).

Définition basée sur les valeurs

Selon Jacques Defourny (1992), l'économie sociale regroupe les activités économiques exercées par des sociétés, principalement des coopératives, des mutualités et des associations (produisant des biens et des services marchands ou non marchands) fondées sur des valeurs de solidarité, d'autonomie et de citoyenneté. Ces valeurs se traduisent par les principes suivants (voir figure 4)[1] :

- finalité de service aux membres ou à la collectivité plutôt que de profit ;

---

1. Définition qu'il a élaborée pour le Conseil wallon de l'économie sociale.

Figure 4
L'économie sociale par les valeurs (Defourny)

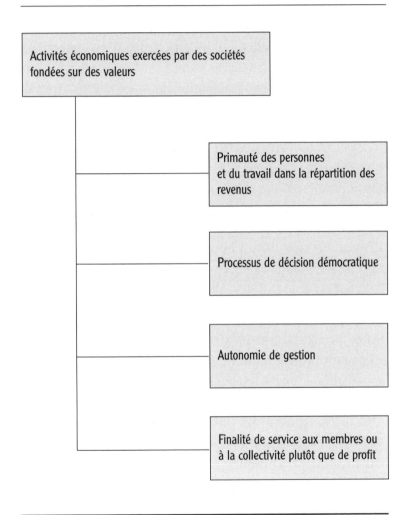

Source : Defourny, 1992

- autonomie de gestion (principal élément distinctif par rapport au secteur public) ;

- processus de décision démocratique ;

- primauté des personnes et du travail dans la répartition des revenus et des surplus.

La majeure partie des acteurs québécois de l'économie sociale, depuis le Comité d'orientation et de concertation sur l'économie sociale (voir Comité d'orientation et de concertation sur l'économie sociale, 1996, *Entre l'espoir et le doute*) jusqu'au Groupe de travail sur l'économie sociale (devenu le Chantier de l'économie sociale), ont choisi de définir l'économie sociale par les valeurs. Ainsi, la définition du Chantier de l'économie sociale reprend les quatre éléments de la définition de Defourny et en ajoute un cinquième : participation, prise en charge et responsabilité individuelle et collective. Adoptée par le gouvernement du Québec en 1997, cette définition est devenue la définition officielle de l'économie sociale au Québec.

Elle présente l'avantage d'être assez large ; les acteurs s'y reconnaissent ; elle met l'accent sur les pratiques plutôt que sur le seul statut juridique. Elle comporte toutefois un handicap évident : il est difficile de juger quelles entreprises adhèrent ou non à ces valeurs, d'autant que certaines, comme l'autonomie ou la démocratie, sont comprises différemment selon les personnes, les contextes, les époques, etc. Comment alors différencier la vraie coopérative de la fausse, l'organisation à but non lucratif démocratique de l'organisation faussement démocratique ?

Définition basée sur un projet politique : le solidarisme

Le concept d'économie solidaire a été élaboré principalement par Jean-Louis Laville, sur la base d'une critique constructive des pratiques d'économie sociale et comme une piste de redynamisation.

Laville (1995) considère en effet que l'économie solidaire existait bien avant l'économie sociale, sous la forme d'associations ouvrières qui foisonnaient en France entre la Révolution et la répression de 1848. Ces groupes volontaires prenaient leur source dans le lien social, se manifestaient par la mise en œuvre d'activités économiques fonctionnant selon le principe de la réciprocité et donnaient à leurs membres un accès à l'espace public, au sens où ils leur ouvraient la possibilité de se faire entendre publiquement et d'agir en vue d'un changement institutionnel.

Mais à partir du moment où l'économie marchande s'est imposée comme modèle dominant (au milieu du XIXe siècle), l'économie solidaire s'est institutionnalisée, se repliant sur une fonction résiduelle pour corriger les abus du capitalisme et sur une adaptation fonctionnelle à cette logique dominante. Laville l'appelle dès lors économie sociale et non plus solidaire, pour souligner son éloignement du terrain politique. Parallèlement à cette séparation de l'économique et du social, une partie des structures d'économie sociale (les coopératives) s'est peu à peu intégrée au marché alors qu'une autre partie (les mutuelles et les associations prestataires de services sociaux) est devenue un sous-ensemble du système étatique.

Selon Laville, l'économie solidaire est réapparue depuis une trentaine d'années. Elle se manifeste dans les initiatives qui réarticulent l'économique et le social en donnant naissance à des services de proximité dans lesquels se réalise une nouvelle synthèse (une hybridation) entre différentes formes économiques : l'économie marchande (vente de biens ou de services), l'économie non marchande (redistribution par l'État) et l'économie non monétaire (réciprocité, don) (voir figure 5). Comme leurs ancêtres du XIXe siècle, les composantes actuelles de l'économie solidaire donnent à leurs membres un accès à l'espace public et se font les promotrices de changements institutionnels.

Dans une déclaration conjointe publiée dans *Le Monde* le 28 juin 1995[2], une trentaine d'intellectuels et de chercheurs, dont Laville, attribuent à l'économie solidaire les caractéristiques suivantes :

- des personnes s'y associent librement pour mener en commun des actions qui contribuent à la création d'activités économiques et d'emplois tout en renforçant la cohésion sociale ;

- les activités économiques créées ne peuvent aboutir ni dans le cadre du tout libéralisme ni dans celui d'une économie administrée. Elles reposent sur une combinaison équilibrée de différentes ressources : marchandes, non marchandes, monétaires et non monétaires ;

- sur le plan social, elles permettent la production de solidarités de proximité, volontaires et choisies ;

2. « Chômage : appel au débat », 1995, Appel collectif, *Le Monde*, supplément *Initiatives*, 28 juin, p. 4. Repris dans *Nouvelles pratiques sociales*, vol. 8, n° 2.

Figure 5
**L'économie sociale par la dynamique des acteurs et
les formes économiques (Laville)**

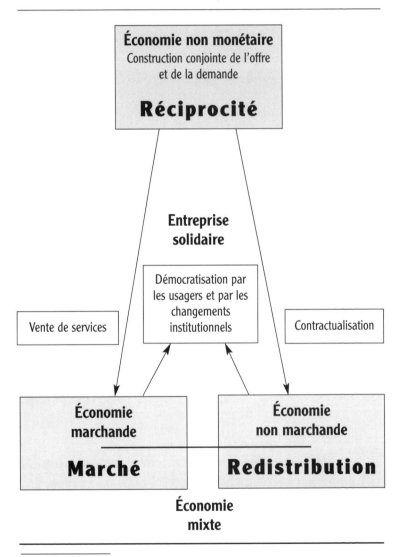

Source : Laville, 1994

- sur le plan politique, elles concourent à rendre la démocratie plus vivante en recherchant l'expression et la participation de chacun quel que soit son statut (salarié, bénévole, usager, etc.).

Définition basée sur le caractère ancré, institutionnel, formel et innovant de réponses sociales à des nécessités ou à des aspirations

Le renouveau théorique sur l'économie sociale au Québec est attribuable aux travaux réalisés par Benoît Lévesque et différentes équipes de travail qu'il a coordonnées ou auxquelles il était affilié. Ce travail est le fruit d'un cheminement de plus d'une trentaine d'années au long duquel la réflexion théorique fut élaborée dans et par des interactions fortes avec des acteurs de la société civile et différents mouvements sociaux (mouvements culturel, communautaire, coopératif, syndical, etc.).

Pour Benoît Lévesque, la définition de l'économie sociale repose sur une analyse de données historiques portant sur un ensemble d'initiatives qui se sont déployées depuis 1800 sur le territoire québécois. Ce déploiement est observé en trois temps. Le premier temps met en scène des initiatives socioéconomiques de type coopératives et mutuelles. Une économie sociale implicitement nommée et porteuse d'une identité coopérative et mutuelliste côtoie l'économie libérale dans son émergence et son développement. Le deuxième temps se précise à partir de la montée en puissance de l'économie publique québécoise à partir des années 1960, laquelle est essentiellement implantée pour appuyer et faciliter le développement de la société québécoise. Cette économie publique encadre et structure tant le développement économique sectoriel que le développement économique territorial du Québec. Le troisième temps de l'économie sociale prend forme lorsque les mouvements syndical et communautaire, d'un côté, et le mouvement des femmes, de l'autre, investissent de façon marquée le champ socioéconomique entre 1980 et le milieu des années 1990. De cette troisième mouvance émerge un nouveau concept pour le Québec, celui d'économie sociale.

La démarche de Benoît Lévesque se traduit moins par l'énoncé d'une définition analytique, théorique ou normative de l'économie sociale que par la présentation d'une définition empirique et évolutive, qu'on pourrait résumer autour de trois éléments principaux.

Une définition fondée sur un acquis historique européen : Appartiennent d'emblée à l'économie sociale les pratiques socioéconomiques dotées de statuts juridiques formels. Il s'agit de pratiques incorporées dans les champs coopératif, mutualiste ou sans but lucratif. Sont exclues de l'économie sociale les pratiques informelles et non incorporées.

Une définition parapluie au sens où est prise en considération la complexité que représentent les mouvances coopératives, mutuellistes et associatives. Il s'agit d'un mouvement non encore unifié politiquement puisque deux grandes associations ont pour mandat d'en regrouper les entreprises ou les organisations. Ce mouvement est sujet à des tensions entre ses trois grandes composantes et à une évidente situation de coopération/concurrence dans la mise en place des outils spécifiques qui soutiennent leur développement.

Une définition intégrée au sens où l'économie sociale est partie prenante d'un système économique plus large et d'un système sociétal. L'économie sociale représente une composante d'un tout à partir duquel s'élabore et se régule, par et dans des compromis et des consensus, le développement du territoire québécois.

De façon plus précise, Lévesque présente la notion québécoise d'économie sociale sous deux angles. D'une part, la notion émane du processus néolibéral contemporain de mondialisation de l'économie. D'autre part, elle s'insère dans un processus historique plus large de démocratisation de la société et de pluralisation des formes de démocratie. Reprenons ces deux points :

L'économie sociale, en tant que concept redécouvert par les acteurs sociaux en 1995, se déploie à côté de l'économie publique et de l'économie privée. L'économie sociale émerge en réponse à des aspirations ou à besoins sociaux non pris en charge par le marché ou par l'État. Elle découle aussi des propositions collectives élaborées pour répondre à des problèmes sociaux engendrés, depuis la décennie 1980, par le contexte néolibéral de mondialisation de l'économie. Elle représente une réponse innovante apportée par des acteurs sociaux aux nécessités qu'ils observent ou aux aspirations qu'ils portent (voir figure 6). Il s'agit d'une réponse innovante puisqu'elle repose sur de nouveaux agencements ou de nouvelles propositions d'action ou d'intervention (Lévesque, 2003a).

L'économie sociale est donc partie prenante d'une économie plurielle, tant par la coexistence et la complémentarité entre différents types d'économie — l'économie libérale, l'économie publique et l'économie sociale — que par la

Figure 6
Quatre types d'économie sociale (ES)

	ES de nécessité (vs effets destructeurs)	ES d'aspiration (pour le développement)
Pratiques à dominante non marchande, exemple :	**les cuisines collectives**	**les Centres de la petite enfance**
Pratiques à dominante marchande, exemple :	**les entreprises d'insertion**	**les coopératives de travail (biens ou services)**

Source : Lévesque, 2003a

diversité des logiques marchande et non marchande (de réciprocité, de redistribution, de don) qui sont mises de l'avant au sein des activités conduites par les organisations et les entreprises de cette économie. Au sein du modèle de développement québécois, l'économie sociale a un potentiel réformateur au sens où elle peut contribuer à redéfinir la portée des actions tant de l'État-providence québécois que du marché libéral.

L'économie sociale est aussi un lieu où se pratique la démocratie représentative, participative et délibérative. Elle actualise, dans la gestion de l'organisation ou de l'entreprise à vocation marchande ou non marchande, la volonté de recourir à l'outil démocratique pour élaborer, concevoir, matérialiser et faire évoluer des projets portés par un collectif. Sur le plan théorique, la démocratie s'exerce dans la représentation, la participation, la concertation, le partenariat et la délibération (voir tableau 2). Tout comme l'économie, la démocratie est un projet qui s'exprime dans une pluralité de formes. Si les différentes formes sont présentes sur la scène québécoise, elles le sont de façon inégale, puisque la démocratie représentative y domine de manière évidente.

Par une nature identitaire, utopique et pragmatique

Les travaux de Jean-Marc Fontan s'inscrivent dans une démarche d'analyse critique de la modernité. Pour Fontan, la modernité constitue une matrice institutionnelle meublée d'orientations culturelles renouvelées par rapport à celles promues par l'Ancien Régime, de nouvelles valeurs à partir desquelles se déploient de nouveaux agencements

Tableau 2
Différentes formes de démocratie

Formes de démocratie	Moyens	Radicalisation
Démocratie représentative (institution)	• instances représentatives • choix de représentants élus • base : intérêt individuel • vote et majorité	• généralisation des catégories de personnes habilitées à participer
Démocratie directe (organisation)	• absence de médiation • participation directe • intérêt formulé directement • choix par consensus	• généralisation des niveaux et secteurs où l'on accorde le droit de participation
Démocratie sociale	• concertation entre les grands acteurs sociaux porteurs d'intérêts collectifs • associations volontaires et groupes d'appartenance • mobilisation	• favoriser le regroupement et l'expression des personnes partageant des conditions communes
Démocratie délibérative (processus et formation)	• délibération et dimension discursive • espaces publics détachés des intérêts immédiats • libre expression de tous • objectif : dégager un bien supérieur qui se justifie	• stimuler la délibération • procédures permettant la formulation de préférences réfléchies et socialement validées • apprentissage collectif

Source : B. Lévesque, 2003a, d'après Offe et Preuß, 1997

institutionnels et de nouvelles formes organisationnelles. Fontan aborde l'économie sociale par sa triple nature identitaire, utopique et pragmatique.

Pour lui, l'économie sociale est avant tout affaire de désignation et d'affirmation. Elle est profondément identitaire. Si les pratiques d'économie sociale préexistent à leur désignation ou à leur identification, elles prennent socialement un sens précis une fois qu'une expression permet d'en reconnaître l'existence. Cette désignation est avant tout l'affaire de lettrés. Ces derniers ont défini l'expression *économie sociale* pour rendre compte d'un univers de pratiques qui se distinguent essentiellement des entreprises ou des associations privées par leur esprit collectiviste. Dès lors, l'économie sociale renvoie avant tout à une identité construite dans et par des activités concrètes qui sont par la suite caractérisées ou désignées par un vocable qui leur attribue un sens particulier. Le débat des définitions met en scène des façons différentes de définir ou de caractériser cette identité.

Au Québec, l'expression *économie sociale*, bien que présente dans de rares écrits à la fin du XIXe siècle, est très faiblement utilisée entre 1800 et 1995. Son usage social est reconnu par le mouvement des femmes en 1995 et sera approprié et reconnu de façon identitaire et discursive à partir de 1996 par un Groupe de travail sur l'économie sociale puis par un ensemble d'acteurs sociaux et économiques regroupés autour d'une organisation, le Chantier de l'économie sociale, et principalement identifiés aux domaines du développement social, de l'économie communautaire et de l'économie coopérative.

Par ailleurs, avant d'être une réalité instituée porteuse d'une identité temporelle et territorialisée, l'économie sociale est une réalité vécue. À ce titre, son histoire remonte à l'Antiquité méditerranéenne et s'exprime dans deux grandes familles de projets. La première famille est qualifiée par Fontan de pragmatique. Elle s'édifie à travers l'histoire par et dans un répertoire diversifié de pratiques (mutuelles, guildes, coopératives, associations) qui se moulent à l'épistémè de leur époque. Les projets dits pragmatiques proposent des innovations incrémentales ou d'adaptation. Il s'agit essentiellement de réponses identitaires et discursives apportées à des problèmes ou urgences sociaux, ou encore à des besoins ou des aspirations non comblés (voir figure 7). Leur potentiel critique et la proposition politique de ces expériences s'insèrent plus dans une logique réformiste que dans une optique révolutionnaire.

La deuxième famille de l'économie sociale est qualifiée par Fontan d'utopique et de politique. Les projets de cette deuxième famille sont conçus pour remettre en question le cadre culturel d'une époque en proposant une critique ou un nouveau modèle de développement du vivre ensemble. Ces propositions utopiques et politiques sont fondées sur des systèmes économiques collectivistes et solidaires. Elles sont parfois mises en pratique. La dimension utopique, politique et critique de l'économie sociale a le potentiel d'alimenter de façon radicale les réflexions entourant la détermination d'un nouveau cadre matriciel visant à définir les nouvelles modalités du vivre ensemble sociétal. Le passage au XXIe siècle représente un cadre propice à l'élaboration de nouvelles propositions en matière de modèles de développement des sociétés. Ces propositions s'élaborent présentement en réponse aux problèmes posés par la nouvelle question sociale mondiale, centrée, d'un côté, sur le

Figure 7
L'économie sociale dans l'histoire, deux grandes tendances

Mondialité

Tendance dominante	Tendance marginale
Modalités collectives de production de biens ou de services au sein d'un projet économique	Modalités sociétales fondées sur un projet utopiste
• Association OBNL (dès la modernité) • Corporations et coopératives (du moyen âge à la modernité) • Mutuelles (de la Rome antique à la modernité)	• Écovillages et ressourceries • New Lanark et New Harmony d'Owen • Phalanstère de Fourier • Coopératives de Plockboy (1658) • Utopie de More (1516)

Antiquité

Source : Fontan, 2006

Figure 8
L'économie sociale: une réalité et un mouvement identitaire

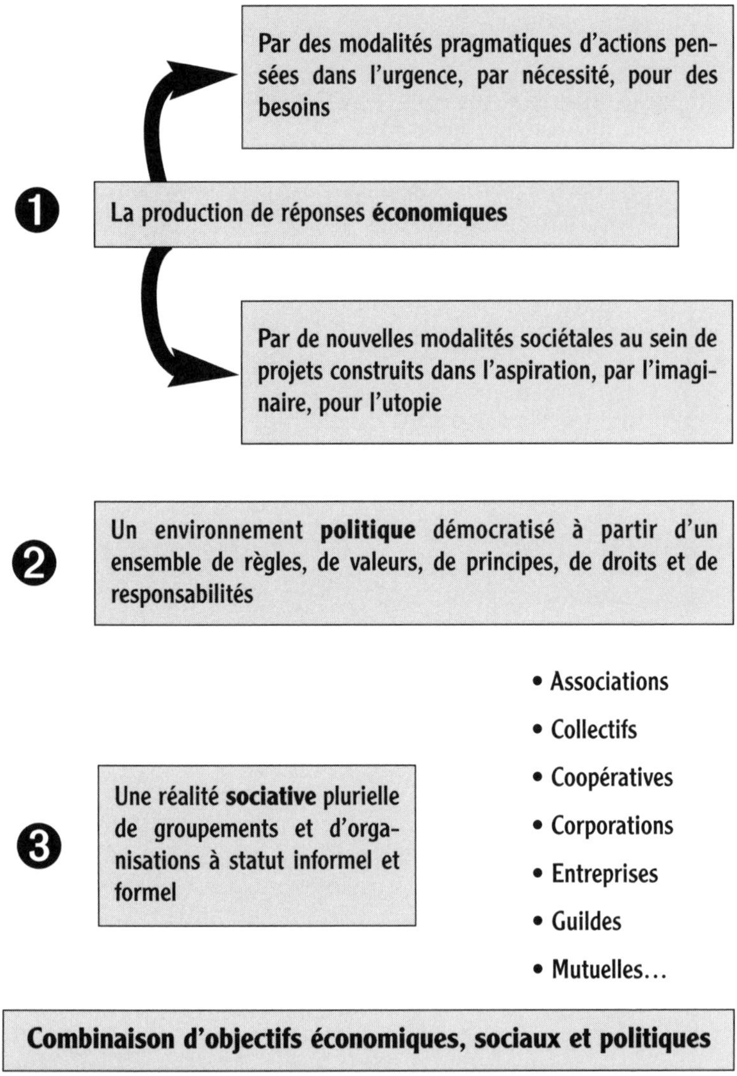

① La production de réponses **économiques**

Par des modalités pragmatiques d'actions pensées dans l'urgence, par nécessité, pour des besoins

Par de nouvelles modalités sociétales au sein de projets construits dans l'aspiration, par l'imaginaire, pour l'utopie

② Un environnement **politique** démocratisé à partir d'un ensemble de règles, de valeurs, de principes, de droits et de responsabilités

③ Une réalité **sociative** plurielle de groupements et d'organisations à statut informel et formel

• Associations
• Collectifs
• Coopératives
• Corporations
• Entreprises
• Guildes
• Mutuelles...

Combinaison d'objectifs économiques, sociaux et politiques

Source : Fontan, 2006

renouvellement des inégalités sociales, la montée en importance de la pauvreté et de l'exclusion sociale et, de l'autre, sur la situation de destruction des différents écosystèmes de la planète (voir figure 8).

LES PRINCIPAUX CONCEPTS APPARENTÉS

Économie sociale, économie solidaire, développement local, développement économique communautaire, tiers secteur, secteur à but non lucratif, entreprise sociale : on utilise souvent de façon équivalente ces concepts, qui sont parents ou voisins. Les distinctions que nous introduisons ici ont pour but d'aider à comprendre ce qui fait la spécificité de l'économie sociale, ainsi que les caractéristiques qu'elle partage avec d'autres appellations.

Développement local

Selon Parodi, le développement local (DL) peut empiriquement être défini comme

> « … tout processus de mobilisation d'acteurs locaux basée sur une logique territoriale par opposition à une logique strictement basée sur la rationalité économique pure (fonction de la profitabilité maximum des capitaux investis et donc d'une mobilité aussi complète que possible des capitaux et des humains, etc.). Un processus de développement local se caractérise donc par la valorisation volontaire des initiatives locales visant elles-mêmes à faciliter l'accès des entrepreneurs ou acteurs locaux aux ressources stratégiques que sont les connaissances technologiques, les ressources humaines qualifiées, les services diversifiés, les

financements appropriés. Le développement local vise encore à optimiser les effets externes positifs et à faciliter les synergies entre réseaux d'acteurs. Le développement local ne peut pas être indépendant de l'économie dominante, de ses marchés et de ses contraintes externes, mais il s'efforce d'accroître les marges d'autonomie décisionnelle » (Parodi, 1989 : 3).

Grâce à la mobilisation des acteurs locaux, il vise donc à consolider et à développer de manière durable l'économie des territoires concernés, mais pas nécessairement selon les principes collectifs et les finalités sociales qui caractérisent l'économie sociale. Comme le souligne en effet de Jesus (2005 : 135-139), les politiques de développement local peuvent s'inscrire : soit dans une perspective de dévolution des responsabilités du palier national vers le palier local alors que les objectifs demeurent définis de manière centralisée ; soit dans une approche basée principalement sur l'activation des marchés locaux ; soit encore dans une perspective de développement économique alternatif visant l'intégration d'acteurs jusque-là exclus.

Développement économique communautaire

Le développement économique communautaire (DEC) peut être considéré comme un sous-ensemble du développement local. Tout comme ce dernier, le développement économique communautaire est une stratégie territoriale et il ne saurait fonctionner sans instances de gouvernance locale, c'est-à-dire sans ces structures qui amènent des acteurs différents (patronaux, syndicaux, communautaires) à se concerter autour d'un certain nombre de priorités de développement du territoire. À la différence du développement local, toutefois, le développement économique communautaire intègre objectifs économiques (création d'entreprises et d'emplois) et objectifs sociaux (lutte contre la marginalisation sociale, qualité de vie, services collectifs, *empowerment*[3] de la communauté) au sein d'une approche globale.

Favreau et Lévesque (1996 : xix) définissent le DEC comme

> «une approche globale de revitalisation économique et sociale des collectivités locales qui conjugue les quatre éléments suivants:
>
> • le déploiement d'un ensemble d'activités de production et de vente de biens et services. C'est la dimension économique du DEC;
>
> • la mise en valeur des ressources locales sur un territoire donné, dans le cadre d'une démarche partenariale où les principales composantes de la communauté s'y engagent (secteur communautaire, secteur privé, institutions publiques locales), démarche qui anime également la mise à contribution de ressources externes en fonction de la communauté. C'est la dimension locale du DEC;
>
> • la revitalisation économique et sociale d'un territoire (emploi, logement, formation, santé et services sociaux…) et la réappropriation par

---

3. Il n'existe pas de traduction française du terme *empowerment*. Ninacs (1992) le définit comme l'appropriation d'un pouvoir existant ou latent. L'Office québécois de la langue française recommande pour sa part le terme *autonomisation*.

la population résidente de son devenir économique et social (*empowerment* et gouvernance
locale). C'est la dimension sociale et politique
du DEC;

• la communauté comme point de départ et
comme point d'arrivée en tant qu'espace du
vivre ensemble et le communautaire en tant
que dispositif associatif premier de revitalisation. C'est la dimension communautaire du
DEC».

Il faut noter que l'appellation *communautaire* désigne
ici des communautés géographiques, mais aussi des communautés d'identité basées par exemple sur l'origine
ethnique ou sur des communautés d'intérêt.

De son côté, Shragge (1997) définit le développement
économique communautaire suivant deux tendances. La
première, libérale, donne la priorité au développement des
entreprises, alors que la seconde, progressiste, vise d'abord
l'*empowerment* de la communauté.

Cette vision progressiste du DEC a pour caractéristiques de lier objectifs économiques et objectifs sociaux,
d'accorder la priorité aux formes d'organisation non traditionnelles (comme les coopératives, les entreprises communautaires et les organismes à but non lucratif), d'encourager
le contrôle ou la propriété des ressources par les résidants et
finalement de créer pour ces fins des organismes imputables
et représentatifs de la communauté locale. Cette tendance
progressiste voit le développement économique communautaire comme une stratégie pour aider les communautés
à lutter contre la pauvreté et l'inégalité (Shragge, 1997).

En somme, le DL et le DEC sont deux approches territoriales de développement. Toutefois, l'approche du DEC est communautaire alors que celle du DL peut demeurer traditionnelle. Le DEC fait de l'économie sociale l'une de ses stratégies privilégiées, bien que les deux termes ne soient pas synonymes : en effet, le DEC inclut d'autres acteurs que ceux de l'économie sociale et met l'accent sur la dimension territoriale, alors que l'économie sociale met l'accent sur les caractéristiques et les finalités propres à un type d'entreprises. Cependant, ils sont fortement apparentés, puisque le DEC fait une large place à l'économie sociale dans ses interventions et que ses instances de gouvernance locale (CDÉC, SADC, CLD[4], etc.) peuvent apporter un précieux soutien aux entreprises ou initiatives d'économie sociale. Comme l'explique Lewis (2004), DEC et économie sociale sont aussi étroitement liés par les valeurs, les acteurs et les finalités.

Tiers secteur

L'expression *tiers secteur* est peut-être la plus englobante de toutes. C'est une appellation utilisée le plus souvent pour désigner une catégorie résiduelle regroupant tout ce qui n'est ni privé à but lucratif, ni public, tout en débordant sur chacune de ces catégories (Lévesque et Mendell, 2004).

Nyssens (2005 : 499-500) définit le tiers secteur comme « l'ensemble des initiatives privées non lucratives », en précisant que cette notion de non-lucrativité diffère selon qu'on

---

4. Corporations de développement économique communautaire, sociétés d'aide au développement des collectivités, centres locaux de développement, etc.

la situe dans la tradition anglo-saxonne, qui la définit par la contrainte de non-redistribution des profits, ou dans la tradition européenne continentale, qui la caractérise par la finalité de services aux membres ou à la collectivité; dans ce dernier cas, le tiers secteur est assimilable à l'économie sociale. Dans la tradition anglo-saxonne, le secteur à but non lucratif *(non-profit sector)*, aussi appelé secteur volontaire *(voluntary sector)*, s'est développé historiquement dans une perspective de charité et la contrainte de non-distribution de profits «garantit alors la dimension d'intérêt général de l'organisation, c'est-à-dire le fait que les bénéficiaires ne sont pas les membres de l'organisation mais bien les personnes aidées».

Les études sur le secteur à but non lucratif au Canada dérivées de la perspective anglo-saxonne (McMullen et Schellenberg, 2003) s'appuient sur les caractéristiques des organisations du *non-profit sector* telles qu'élaborées par l'Institut John Hopkins. Ce sont des organisations formelles, privées (non gouvernementales), autonomes (contrôlant leurs activités), sans but lucratif (ne distribuant pas de profits à leur propriétaires ou directeurs, mais les réinvestissant, le cas échéant, dans la mission sociale de l'organisme) et faisant appel à un degré important de participation bénévole. Cette définition du tiers secteur exclut donc les coopératives et les mutuelles, qui sont considérées comme partie prenante de l'économie sociale.

Reprenant des auteurs britanniques, Vaillancourt (1996) définit quant à lui le tiers secteur par sept caractéristiques:

- les organisations du tiers secteur doivent être des organisations formelles officiellement constituées, ce qui les distingue des ressources informelles, familiales ou bénévoles ;

- elles doivent être indépendantes à la fois des gouvernements et des entreprises privées ;

- elles doivent s'autodéterminer ;

- elles ne sont pas axées sur la recherche de profits, ce qui ne veut pas dire qu'elles n'ont pas le droit de se préoccuper de rentabilité et de dégager des surplus. Le cas échéant, elles décident collectivement — et non pas privément — de la redistribution des surplus en tenant compte d'objectifs sociaux autant qu'économiques ;

- elles font une place importante aux contributions de ressources bénévoles et militantes ;

- elles font appel à des ressources qui sont salariées ;

- elles ne sont pas cantonnées dans la seule distribution de services ou dans des œuvres d'assistance traditionnelles ; elles peuvent aussi déployer des activités éducatives, de défense de droits, de promotion, etc.

Entreprise sociale

Cette notion est plus courante aux États-Unis, en Angleterre et ailleurs en Europe qu'au Québec (Lévesque et Mendell, 2004 ; Laville, Lévesque et Mendell, 2005). L'entreprise sociale est une activité commerciale guidée par un mandat social selon lequel elle doit contribuer au développement de la communauté ou à la satisfaction des besoins de catégories sociales spécifiques (jeunes, personnes handicapées, personnes immigrantes, femmes, etc.).

Certaines sont des entreprises privées proprement dites, c'est-à-dire qu'elle n'ont pas le statut qui leur permettrait d'être reconnues comme des entreprises d'économie sociale ; d'autres sont des OBNL adoptant un comportement entrepreneurial. Il s'agit dans les deux cas d'activités marchandes. D'autres sont des entreprises où il y a combinaison d'un comportement entrepreneurial et de militantisme social, c'est-à-dire une certaine hybridation des deux caractéristiques mettant en lumière des difficultés qu'affrontent ces entrepreneurs sociaux, notamment l'accès au financement, le faible ancrage dans le milieu des affaires, etc. (Lévesque et Mendell, 2004 ; Laville, Lévesque et Mendell, 2005).

Selon Defourny (2005 : 279-280), l'expression *entreprise sociale* renvoie aux théories de l'entrepreneuriat et notamment aux travaux de Schumpeter, selon lesquels l'entrepreneur n'est pas nécessairement le propriétaire d'une entreprise, mais celui qui introduit des innovations dans le processus de production. Les entrepreneurs sociaux peuvent être des individus ou des groupes d'individus qui veulent répondre à de nouvelles nécessités ou réaliser de nouvelles aspirations (Lévesque, 2002). Il peut s'agir d'organisateurs communautaires ou de gens d'affaires qui veulent réaliser des projets avec d'autres personnes (Ninacs et Toye, 2002). En Europe, ce concept a donné naissance à des statuts juridiques nouveaux, comme celui de coopérative sociale ou de société à finalité sociale (Defourny, 2005).

Social enterprise

La notion de *social enterprise* a été développée au Royaume-Uni et est principalement utilisée dans le monde anglo-saxon. Le Small Business Service, une agence du gouvernement britannique, définit la *social enterprise* comme une entreprise dotée fondamentalement d'objectifs sociaux et dont les surplus générés par une ou plusieurs activités économiques sont réinvestis à cette fin dans l'entreprise ou dans la communauté. La finalité de ce type d'entreprise ne repose pas d'abord sur une volonté de maximiser des profits économiques pour les parties prenantes, mais sur la poursuite d'objectifs sociaux. La notion de *social enterprise* est fréquemment associée à celle d'économie sociale, comme en font foi les activités et les travaux du *Social Economy Bristol* (http://www.socialeconomybristol.org.uk/index.ihtml). Il s'agit en fait d'un concept apparenté où l'entreprise sociale est une composante de l'économie sociale britannique.

Responsabilité sociale des entreprises (RSE)

La responsabilité sociale des entreprises (RSE[5]) désigne une réflexion et une approche récente préconisée dans les entreprises privées. Elle permet de prendre en considération non seulement la dimension économique, mais aussi les dimensions environnementale et sociale de la réalité des entreprises

---

5. Le lecteur intéressé pourra consulter avec profit les travaux de la Chaire de responsabilité sociale des entreprises et de développement durable (http://www.crsdd.uqam.ca/) et constater le travail de sensibilisation et d'information du gouvernement fédéral canadien sur la question (http://strategis.ic.gc.ca/epic/internet/incsr-rse.nsf/fr/h_rs00094f.html).

et des organisations, que ces dernières soient sociales, collectives, privées ou publiques. Toutefois, la notion est principalement déployée au sein des entreprises privées et publiques.

Généralement, la RSE est prise en compte dans l'entreprise privée à des fins corporatives : elle permet d'affirmer une image d'entreprise ou de marquer un avantage concurrentiel sur le marché. Concrètement, la RSE se traduit par des engagements précis en matière de politiques, par une affectation de ressources et par des pratiques. Les domaines de la RSE sont très variés. Ils vont de la santé au développement communautaire en passant par la déontologie d'affaires, la prise en compte des acteurs concernés (les parties prenantes) dans le processus décisionnel ou encore par la protection de l'environnement. Par ailleurs, les entreprises sociales ou collectives intègrent dans leur mission l'idée d'équilibre raisonnable entre l'atteinte d'objectifs sociaux et économiques et il n'est donc pas étonnant de voir se développer, dans les entreprises sociales et collectives, une réflexion et une approche adaptée de la prise en compte de la RSE.

Chapitre 3

Histoire et évolution d'une réalité

L'économie sociale n'est pas une réalité récente. Ses premières inspirations théoriques remontent au XVIe siècle et ses premières expérimentations pratiques au XIXe. L'objet a donc une riche histoire. Le présent chapitre en esquisse à larges traits les principaux jalons, en évoquant d'abord la tradition européenne, puis l'histoire de l'économie sociale en terre québécoise.

LA TRADITION EUROPÉENNE DE L'ÉCONOMIE SOCIALE

Dans cette première section, nous verrons d'abord comment l'économie sociale, telle que définie en Europe, était à l'origine un projet de solution de rechange globale au capitalisme et comment elle a perdu cette perspective globale pour devenir, dans la deuxième moitié du XIXe siècle, un moyen d'adoucir les abus du capitalisme et de combler des besoins délaissés par l'économie marchande (Gislain et Deblock, 1989). Dans un deuxième temps, l'attention sera portée sur les transformations des entreprises d'économie sociale depuis un siècle (Vienney, 1994; Laville, 1994 et 1995).

De l'alternative à l'adaptation (XVIᵉ-XIXᵉ siècles)

Un retour historique sur les traditions théoriques de l'économie sociale (voir annexe 1) permet de faire remonter les origines de l'économie sociale au XVIᵉ siècle, alors que s'affirme simultanément ce qui deviendra le fondement de l'économie politique libérale, à savoir la conception selon laquelle le droit de propriété, la loi de la concurrence, la main invisible du marché sont l'expression rationnelle de la nature des rapports humains et sociaux (Adam Smith, 1776). Dans cette conception, l'économie doit s'affranchir des règles morales, sociales et politiques.

En réaction au libéralisme, émerge une conception opposée selon laquelle il faut reconstruire un ordre économique qui conçoive les humains comme fondamentalement libres et égaux et qui réconcilie les impératifs économiques et sociaux. Le premier penseur de ce courant est Thomas More. Alors qu'au début du XVIᵉ siècle les grands propriétaires terriens d'Angleterre expulsent les paysans pour procéder à l'élevage intensif du mouton (prélude à l'industrialisation), More écrit *L'Utopie,* un ouvrage qui critique l'économie de marché et la propriété individuelle en évoquant une île utopique où les humains vivent en communauté, sous un régime de propriété collective.

D'autres utopistes prennent le relais au XVIIIᵉ siècle. Certains prônent des formes primitives de communisme alors que d'autres proposent le partage égalitaire de la propriété foncière et la mise sur pied de coopératives de consommation, d'institutions de secours mutuel ainsi que de crédit bancaire accessible aux travailleurs. Pour Gislain et

Deblock, cette mouvance constitue la matrice originelle de l'économie sociale, un projet qui

> «... privilégie [...] comme principe d'organisation économique l'association humaine dans la possession, l'usage et l'usufruit des ressources productives en opposition à la lutte concurrentielle interindividuelle pour leur appropriation privative, discrétionnaire et rentable jugée responsable du désordre social et des inégalités» (1989 : 66).

À l'époque des utopies écrites succédera l'ère des utopies pratiquées. Dans la première moitié du XIXe siècle, des penseurs comme Saint-Simon, Fourier, Owen et Proudhon prônent la mise sur pied de communautés modèles, villages coopératifs ou phalanstères, afin de démontrer la supériorité de cette forme d'organisation économique. Dans les faits, les communautés modèles se soldent par un échec, mais elles inspireront des expérimentations plus modestes de solidarité et d'entraide économique. Parmi elles, il faut mentionner les coopératives de travail nées en France sous l'impulsion de Bûchez (1831), les coopératives de consommation démarrées en Angleterre par les équitables pionniers de Rochdale (1844) et les caisses rurales de crédit de Raiffeissen en Allemagne (1864). Plusieurs de ces expériences concernent la mise en commun des produits du travail de différents corps de métiers et seront à l'origine des premiers syndicats (Polanyi, 1944).

Ces tentatives de développer l'économie sociale comme solution de remplacement globale au capitalisme échouent, non seulement à cause de la difficulté d'actualiser les utopies au sein de communautés modèles, mais aussi et surtout en raison de la régulation marchande concurrentielle, qui devient dominante à partir de la deuxième moitié du XIXe siècle. C'est l'époque du marché autorégulateur, qui prétend transformer toute production (même la terre, le travail et la monnaie) en marchandises et ne tolère aucune régulation de nature à interférer avec la formation et le fonctionnement des marchés. Dans ce contexte, affirment Gislain et Deblock : « Le projet de socialisation, sur une base associative, de la production et du marché devient de plus en plus contraire à la logique interne de développement du capitalisme » (1989 : 82).

En réponse à cette logique capitaliste dominante, les forces de gauche misent sur la logique communiste ou socialiste. À leurs yeux, l'économie sociale est tout juste bonne à servir de terreau de mobilisation. Elle est d'autant plus discréditée qu'après la répression de 1848 ce sont des leaders catholiques conservateurs qui en reprennent, pour une partie du moins, le flambeau.

À partir de là, l'économie sociale devient un secteur fonctionnant avec des règles différentes de celles de l'économie marchande, tour à tour contestant et s'adaptant à ce modèle dominant pour survivre. Elle se développe suivant deux tendances principales. La tradition socialisante, avec Pecqueur, Mauss et Jaurès, mise sur la coopération du travail et sur le syndicalisme pour compenser les méfaits et les abus du libéralisme. Elle les considère aussi comme les fondements de la société future. La tradition sociale-chrétienne, surtout dans sa variante catholique, prône à des degrés divers le corporatisme social, la collaboration entre patrons et travailleurs (patronage) et la doctrine sociale de l'Église. Dans sa variante protestante, elle tente de se différencier à la

fois du courant conservateur catholique et du courant socialiste, se voulant personnaliste et communautaire.

Au Québec, c'est surtout la tradition sociale catholique
qui fera école. Alphonse Desjardins, le fondateur des caisses
populaires, sera par exemple membre de la Société cana-
dienne d'économie sociale de Montréal, fondée en 1888
pour diffuser la pensée de Frédéric Le Play. Desjardins puise
aussi son inspiration dans la doctrine sociale de l'Église, et
en particulier dans l'encyclique *Rerum Novarum* (Malo,
1991). L'économie sociale, dans sa variante coopérative, a
joué ici non seulement un rôle de compensation pour les
abus de la régulation marchande concurrentielle, mais également pour la faiblesse du capitalisme québécois francophone ; c'était la voie d'une majorité dominée sur les plans
économique et national qui souhaitait ainsi se tailler une
place sur le marché (Bouchard *et al.*, 1995).

Les transformations des entreprises d'économie sociale au XXᵉ siècle

À partir des années 1930 et surtout après la Deuxième
Guerre mondiale, on assiste au développement de l'État
protecteur, puis de l'État-providence, comme l'une des plus
puissantes manifestations du travail effectué par la société
pour se protéger contre les abus du marché autorégulateur.
Dans ce modèle, l'État détient en quelque sorte le monopole
de la solidarité et l'économie sociale devient un projet mar-
ginal et banalisé. Carpi (1997) parle quant à lui d'une
dégénérescence de l'économie sociale sous le fordisme.
Subordonnée d'une part à la logique du marché et d'autre
part à celle de l'État, elle perd dès lors ses liens avec les

---

Tableau 3
**Les transformations des entreprises d'économie sociale au XXᵉ siècle :
nouveaux contextes[1]**

1900	**1990**
Émergence de l'État comme agent régulateur des activités marchandes et non marchandes	Pressions pour que d'autres acteurs que l'État prennent en charge une partie des activités délaissées par les entreprises capitalistes

---

Source : Vienney, 1994

---

1. Les tableaux 3 à 6 sont tirés de l'évaluation faite par Vienney (1994) à partir de l'expérience française. Il n'y a pas encore d'équivalent pour le Québec. Cependant, au moins six groupes de recherche travaillent sur la question de l'économie sociale au Québec : il s'agit du CIRIEC (Centre interdisciplinaire de recherche et d'information sur les entreprises collectives), du CRISES (Centre de recherche sur les innovations sociales), du LAREPPS (Laboratoire de recherche sur les pratiques et les politiques sociales), de la Chaire de recherche du Canada en économie sociale, de l'ARUC-ÉS (l'Alliance de recherche universités-communautés en économie sociale) et du RQRP-ÉS (Réseau québécois de recherche partenariale en économie sociale).

Tableau 4
Les transformations des entreprises d'économie sociale au XXᵉ siècle : changements dans la place des activités dans l'économie

1900	1990
Activités nécessaires à la production marchande, mais non vendables comme marchandises : santé, protection sociale, éducation, activités culturelles	Combinaison d'activités marchandes et non marchandes
Activités délaissées	Activités en concurrence avec des entreprises capitalistes
Pas de liens avec le marché financier	Besoin d'accéder au marché financier
Souci de l'utilité des activités	Souci de la rentabilité des activités
S'appuient sur l'aide des diverses collectivités	S'appuient sur l'efficacité productive
Les coopératives sont actives dans un secteur précis, sans rapport à d'autres activités	Les coopératives s'ouvrent à d'autres activités et cherchent des alliances avec des entreprises non coopératives
Les mutuelles n'ont pas de capital social et fonctionnent à l'équilibre	Les mutuelles d'assurances se transforment en investisseurs institutionnels et deviennent des institutions financières de l'économie sociale ; elles contribuent à l'accès des coopératives au marché financier
Les associations vivent d'aide gouvernementale ou privée et fonctionnent grâce au bénévolat	On assiste à une augmentation de l'emploi salarié et de la vente de biens et services au sein des associations. Procédures plus contractuelles dans l'octroi des subventions. Pour atteindre l'équilibre, les associations font pression sur les salaires et les conditions de travail. Elles créent aussi des sociétés anonymes contrôlées.

Source : Vienney, 1994

Tableau 5
**Les transformations des entreprises d'économie sociale au XXᵉ siècle :
changements dans les règles**

1900	**1900**
L'associé est aussi participant à l'activité : égalité des voix à l'assemblée générale, indépendamment du nombre de parts souscrites. Partage du profit proportionnel à la participation à l'activité	Deux catégories d'associés : des financiers qui attendent des avantages analogues à ceux procurés par la participation à une entreprise privée (partage du pouvoir et du profit) et des participants pour qui l'utilité prime sur la rentabilité. En France, les coopératives peuvent ouvrir jusqu'à 35 % des droits de vote à des non participants (au Québec : 25 %)
Intérêt pour l'utilité de l'activité	Compromis entre l'intérêt pour l'utilité et l'intérêt pour la rentabilité
Activités typiques	Création de sociétés anonymes pour pénétrer dans de nouvelles activités ; développement d'activités lucratives pour financer des activités non marchandes
	Difficulté à contrôler les gestionnaires des ensembles complexes

Source : Vienney, 1994

Tableau 6
**Les transformations des entreprises d'économie sociale au XXᵉ siècle :
changements dans la personnalité des acteurs**

1900	1900
Une certaine division du travail	Un plus grand nombre de partenaires
Un pouvoir plus important des membres participants	Hiérarchisation et renforcement du pouvoir des cadres gestionnaires par rapport à celui des membres participants
Les associés font partie d'une collectivité solidaire	Sélection des associés en fonction de contraintes économiques
Priorité à la relation d'aide	Priorité à l'efficacité productive

Source : Vienney, 1994

mouvements sociaux et ses entreprises semblent fonctionner selon la même logique que les entreprises capitalistes.

L'économiste Claude Vienney a exploré les transformations des entreprises d'économie sociale au XXe siècle (Vienney, 1994). Nous les avons résumées dans les tableaux 3 à 6. Le principal changement découle du fait que les activités des entreprises d'économie sociale ne sont plus, comme au début du siècle, des activités délaissées mais en concurrence avec le secteur capitaliste marchand. Pour trouver les ressources financières dont elles ont besoin, ces entreprises se tournent vers le marché privé et notamment vers des financiers non participants à leurs activités. À leur tour, ces compromis se traduisent parfois par des modifications des règles et des statuts.

Par exemple, souligne Vienney, leurs besoins de financement amènent les coopératives à s'ouvrir à d'autres activités, à faire alliance avec des entreprises non coopératives ou à créer des entreprises privées pour chapeauter certaines de leurs activités. De leur côté, les associations sont contraintes de vendre des biens ou des services pour générer les ressources dont elles ont besoin. Plutôt que de leur fournir des subventions, les pouvoirs publics leur proposent des procédures de type contractuel qui lient les objectifs visés et les activités à financer pour les atteindre.

Parallèlement, les entreprises d'économie sociale se technicisent et l'écart se crée entre les experts et les membres. Elles peuvent même être tentées de choisir leurs associés en fonction de ce qu'ils peuvent leur apporter plutôt qu'en fonction de leur appartenance à un groupe social. Dans certains cas, le contrôle de l'activité économique n'appartient plus aux membres associés. À long terme, tous ces changements rendent instable l'équilibre entre le caractère associatif et l'activité économique des entreprises d'économie sociale.

Alors que survient cette transformation des composantes plus anciennes, on assiste, à partir des années 1970, à la naissance de nouvelles générations d'organisations et d'entreprises d'économie sociale. Nous avons vu que Laville utilise l'expression *économie solidaire* pour désigner des activités relevant principalement des services de proximité et des initiatives locales ayant pour objectifs le renforcement de la cohésion sociale et la création d'emplois.

À l'origine, on trouve une impulsion réciprocitaire, par exemple la mobilisation des citoyens d'une commune pour se donner des activités de loisirs ou encore celle des parents d'un arrondissement pour développer des services de garde d'enfants. Avec l'aide de professionnels, les usagers définissent leurs besoins et les services susceptibles d'y répondre. Laville nomme ce phénomène «construction conjointe de l'offre et de la demande». Par la suite, à travers des programmes pilotes ou *ad hoc*, le groupe obtiendra l'aide financière de l'État conformément à son rôle dans la redistribution, alors que certains usagers pourront, dans la mesure de leurs moyens, payer une partie du service. En somme, l'économie solidaire permet une hybridation des économies marchande, non marchande (redistribution) et non monétaire (réciprocité) (Lévesque, Bourque et Forgues, 1997).

En conclusion, certaines organisations ou entreprises d'économie sociale ont momentanément disparu; d'autres, inconnues il y a 10 ou 15 ans, ont fait leur apparition; d'autres encore ont élargi leurs activités en modifiant leurs règles de fonctionnement pour s'adapter au nouveau contexte. On peut même, selon Vienney (1994), parler de mutation dans les cas où l'adaptation a fait perdre à l'entreprise ses propriétés antérieures. Ces adaptations ou mutations ne signifient pas que ces entreprises n'appartiennent plus à l'économie sociale, mais que leur évolution pose de nombreux défis d'arrimage entre la dimension entrepreneuriale et la dimension associative.

> « L'économie sociale est donc formée d'une population d'organismes en voie de renouvellement: certains perdent leurs caractéristiques alors que d'autres les acquièrent. Les grandes institutions que nous avons décrites jouent un rôle de régulation de cette transformation, parce qu'elles sont les héritières d'une expérience ancienne maintenant séculaire et ont les moyens financiers et humains de susciter, si leur vitalité est suffisante, des expériences nouvelles» (Vienney, 1994 : 117).

L'HISTOIRE DE L'ÉCONOMIE SOCIALE AU QUÉBEC

Les premières entreprises d'économie sociale au Québec datent du XVIIIᵉ siècle. Ce sont les sociétés d'entraide et les mutuelles d'assurances, mises sur pied en milieu ouvrier pour garantir des secours temporaires en cas de maladie ou d'infirmité ou payer les frais funéraires des défunts, à une époque où, en l'absence de programmes publics de sécurité sociale, l'ouvrier n'avait que son maigre salaire pour survivre. Aux mutuelles succéderont plusieurs générations d'entreprises coopératives et d'initiatives économiques issues des mouvements sociaux, qui seront désignées sous l'expression *économie sociale* à partir du milieu des années 1990.

Les mutuelles

La première entreprise d'assurances québécoise est une mutuelle, rappelle l'historien Gaston Deschênes. Elle est créée en 1789, sous le nom de Société bienveillante de Québec. Cependant, à l'exception de trois ou quatre pionniers, le mouvement mutualiste ne prend son envol que durant les années 1850. La première génération de mutuelles correspond à ce que Petitclerc désigne comme une forme de mutualité pure, c'est-à-dire que «les obligations et les bénéfices ne découlent pas de l'acte marchand de s'assurer, mais de l'acte social de s'associer». Vers la fin du XIXe siècle, cette forme disparaîtra au profit de la mutualité scientifique, qui adopte le principe fondamental de l'assurance selon lequel chaque membre paie en fonction du risque qu'il représente (Petitclerc, 2002). Au début du XXe siècle, la mutualité est considérée comme une institution d'assurances à part entière.

Le mouvement coopératif

Une deuxième vague d'entreprises d'économie sociale prend son essor au début du XXe siècle, à une époque où le capitalisme pénètre la petite propriété marchande. Les petits producteurs agricoles tentent de se protéger contre la montée de la marchandisation en créant des coopératives d'approvisionnement pour les intrants et des coopératives pour commercialiser leurs produits. Parallèlement, les petits producteurs et les marchands auxquels les banques refusent l'accès au crédit se regroupent au sein des caisses d'épargne et de crédit fondées par Alphonse Desjardins.

Le mouvement coopératif connaît un nouvel essor à partir des années 1930. En pleine crise économique, aux prises avec des conditions de vie extrêmement difficiles, de nombreux Québécois se tournent vers la coopération, encouragés en cela par les élites locales et l'Église catholique. Le mouvement coopératif se développe dans le secteur de la consommation, des pêches et de la forêt. Au début des années 1940, il atteint le secteur scolaire, l'habitation et l'hydroélectricité. Les mutuelles, caisses populaires et coopératives agricoles connaissent une progression importante durant ces années. Selon Deschênes (1979 : 6), « l'expansion du mouvement coopératif est accompagnée d'un intense effort d'éducation coopérative ». Le mouvement plafonne dans les années 1950, alors que certains secteurs comme les coopératives de pêcheurs et de consommation entrent en crise, mais il reprend de la vigueur dans les années 1960, avec la relance des coopératives forestières, l'apparition des caisses d'entraide économique (1960), la structuration des caisses d'économie (1962), l'acquisition de compagnies d'assurances et d'autres institutions par les caisses populaires (1962-1963) et finalement la réorganisation des secteurs coopératifs d'habitation et étudiant (Deschênes, 1979 : 9).

Certains auteurs ont mis en lumière le fait que ce développement remarquable du mouvement coopératif au Québec est lié à la question nationale et à la faiblesse du capitalisme francophone pendant toute la période antérieure à la Révolution tranquille. En effet, à cette époque, le capital canadien-anglais et étranger contrôlait les grandes entreprises manufacturières et des ressources naturelles, ne laissant aux Québécois francophones que la propriété familiale dans l'entreprise et dans l'agriculture. « La coopération et le corporatisme dans les années 1920-1930 sont alors apparus comme un moyen de renforcer la présence des francophones dans cette économie» (Lévesque et Ninacs, 1997 : 9). Avec les sociétés d'État (nées avec la Révolution tranquille) et les entreprises privées, les coopératives constituent l'un des trois piliers d'une structure économique propre au Québec moderne.

Les plus anciennes composantes du mouvement coopératif, notamment dans le secteur financier et agricole, ont connu d'importantes transformations, ce qui aujourd'hui amène certains à mettre en question leur appartenance à l'économie sociale. À ce propos, Lévesque, Bouchard et Grant (1997) font une analyse intéressante de l'évolution du Mouvement Desjardins. En dépit des changements qui ont fait de Desjardins une institution passablement différente de celle qui existait du vivant de son fondateur, les caisses se distinguent des banques par deux éléments majeurs. Le premier de ces éléments réside dans le fonctionnement démocratique, qui s'exprime notamment par le principe «un membre, un vote» et par une délégation du pouvoir des caisses locales vers les fédérations et la confédération (maintenant devenue la Fédération unique). Le second élément distinctif est sa structure de capitalisation originale, qui transforme les actifs de Desjardins en patrimoine inaliénable de la société québécoise. Par ailleurs, notent-ils, si la rémunération de l'avoir des sociétaires y demeure beaucoup plus faible que dans les banques, Desjardins fait de plus en plus de place au capital externe, ce qui pourrait éventuellement compromettre ces différences.

À partir des années 1970, de nouveaux acteurs sociaux et de nouveaux secteurs d'activité s'approprient l'outil coopératif, mettant sur pied des clubs coopératifs de consommation, des coopératives funéraires, des coopératives de logement locatif, des garderies coopératives, des coopératives amérindiennes et inuites, des coopératives de travailleurs dans divers secteurs de l'activité économique, des coopératives de travailleurs actionnaires (permettant aux travailleurs de posséder collectivement une partie de leur entreprise) et, plus récemment, des coopératives de solidarité (possédées et gérées par diverses catégories de membres: travailleurs, usagers, membres de la communauté). À l'origine de ces nouvelles coopératives, comme d'autres initiatives similaires portées par des organismes à but non lucratif, on trouve souvent des militants et militantes issus des mouvements sociaux désireux de travailler, vivre et consommer autrement.

Le mouvement populaire et communautaire

Bélanger et Lévesque (1992) de même que Favreau et Lévesque (1996) divisent l'histoire du mouvement populaire et communautaire en trois sous-périodes. Notons qu'une nouvelle génération de groupes ne fait pas disparaître les générations qui la précèdent. Chaque nouvelle vague coexiste avec les vagues précédentes (voir annexe 2).

La première des trois sous-périodes, identifiée dans les travaux de Lévesque, Bélanger et Favreau, est celle des comités de citoyens qui apparaissent à partir des années 1960 pour pallier l'absence de services publics dans les quartiers défavorisés des grandes villes québécoises. Ces comités réclament non seulement la création mais un contrôle populaire sur de l'équipement tel que les centres communautaires, les cliniques communautaires et les cliniques juridiques, à tel point que certains y voient « une forme de syndicalisme de la consommation collective » (Bélanger et Lévesque, 1992). Par ailleurs, ces comités de citoyens s'opposent aux opérations de rénovation urbaine qui ont pour effet d'évincer les locataires à faibles revenus et interviennent plus largement sur les questions de logement et d'aménagement du territoire.

Quelques années plus tard, on assiste en milieu rural à de semblables mobilisations, dans les paroisses menacées de fermeture par les visées rationalisatrices du Bureau d'aménagement de l'Est du Québec (BAEQ). Dans le cadre des Opérations Dignité, les citoyens du Bas-Saint-Laurent revendiquent le droit de vivre et travailler au pays et certains créent leur propre formule de développement socioéconomique, dont la Coopérative de développement du JAL (de Saint-Juste, Auclair et Lejeune, trois villages menacés de fermeture et rouverts grâce à un gigantesque effort coopératif) au milieu des années 1970 est sans doute l'exemple le plus connu.

La seconde génération, couvrant la période 1976-1982, représente l'âge d'or des groupes populaires de services. Ils ont en commun d'expérimenter une alternative en mettant sur pied des cliniques populaires de santé et des cliniques juridiques cogérées par les travailleurs et travailleuses et par la population résidente. Aux premiers comptoirs alimentaires et aux associations coopératives d'économie familiale (ACEF) déjà en place, s'ajouteront les centres de santé pour femmes, les groupes de défense des chômeurs et des assistés sociaux, les premières garderies, les comités logement et les coopératives d'habitation, les groupes d'éducation populaire et d'alphabétisation, etc. Cette nouvelle vague est issue principalement des rangs du mouvement populaire, mais aussi du mouvement syndical, qui soutient notamment la création des associations coopératives d'économie familiale et des premières garderies. Ces groupes de deuxième génération, qui revendiquent une reconnaissance étatique dans le respect absolu de leur autonomie, veulent répondre à une double aspiration : le désir de services collectifs moins bureaucratisés, plus près des gens, et le désir de travailler autrement, en ayant un contrôle tant sur la finalité du travail que sur son organisation. C'est dans un contexte de crise du travail, au moins autant que de crise de l'emploi, qu'il faut comprendre l'émergence de nombreuses coopératives de travail durant cette période.

À partir des années 1980, on assiste à un foisonnement et à une diversification des groupes. Les organisations de la troisième génération[1] ne se définissent plus seulement comme populaires, mais comme populaires et communautaires. Plusieurs se constituent autour d'identités spécifiques : groupes de femmes, de jeunes, de personnes retraitées et pré-retraitées, de personnes handicapées, de membres de communautés ethnoculturelles, etc. Elles contribuent à mettre en lumière de nouveaux problèmes sociaux (violence conjugale, itinérance, isolement et pauvreté des personnes âgées) et

---

1. Lamoureux *et al.* (2003) identifient une quatrième période qui s'ouvre avec la décennie 1990. Elle correspond à la participation accrue des organismes communautaires à différents processus consultatifs, non plus seulement *ad hoc*, mais au sein d'instances permanentes de concertation, créées par des politiques et des législations gouvernementales. Dans le cas spécifique de l'économie sociale, cette quatrième période correspondrait à la reconnaissance de l'économie sociale par l'État, qui fait l'objet d'une section suivante.

veulent y apporter des réponses différentes de celles développées dans le réseau public, comme en témoigne le slogan du Regroupement des ressources alternatives en santé mentale : *Ailleurs et autrement*. Les stratégies traditionnelles d'affrontement cohabitent avec les tentatives nouvelles et multiples de concertation, soit avec les institutions publiques (comme dans le cas des groupes en santé mentale), soit avec des partenaires privés (comme dans le cas des corporations de développement économique communautaire).

Durant cette troisième période, en réponse à la crise de l'emploi et à l'exclusion croissante, foisonnent aussi les initiatives qui combinent, de façon formelle, objectifs économiques et sociaux : coopératives de travail, coopératives de travailleurs actionnaires, groupes qui soutiennent les jeunes et les femmes dans leurs démarches pour intégrer le marché du travail, corporations de développement économique communautaire, entreprises d'insertion, sociétés d'aide au développement des collectivités, cercles d'emprunt, fonds régionaux et locaux de développement, fonds de travailleurs, etc.

Les contextes qui voient naître les initiatives populaires et communautaires sont bien différents de ceux qui servaient de toile de fond à la création des premières coopératives dans les secteurs du crédit ou de l'agriculture. Il faut parler ici d'une multiplicité de crises : crise du travail, crise de l'emploi, crise de l'État keynésien et crise de l'État-providence[2], qu'il faut probablement faire précéder d'une

---

2. L'appellation *État keynésien* réfère à l'intervention de l'État dans l'économie (en particulier dans la poursuite de l'objectif du plein emploi), alors que l'appellation *État-providence* fait référence à son rôle redistributeur (par le biais des services collectifs et des régimes de protection sociale).

crise culturelle, c'est-à-dire d'une crise du modèle de consommation ayant prévalu durant les Trente glorieuses (1945-1975). Les besoins des acteurs sociaux qui mettent sur pied ces groupes ou ces initiatives à partir des années 1970 sont différents des besoins de ceux qui fondèrent les entreprises de l'ancienne économie sociale. Leurs motivations sont diverses :

- mus par un idéal de démocratie, certains acteurs veulent exercer un meilleur contrôle sur leur travail ou leurs conditions de vie, avoir un mot à dire sur l'aménagement du territoire ou sur les priorités de développement économique de leur quartier ;

- plusieurs initiatives répondent à un besoin de création et de maintien d'emplois, motif fréquemment allégué à l'origine des coopératives de travail ou des fonds d'investissement qui soutiennent le démarrage de microentreprises ;

- d'autres initiatives mettent de l'avant la mise sur pied ou la consolidation d'infrastructures sociales, qu'on pense à la création des centres de la petite enfance (CPE) ou d'autres services collectifs qui associent les usagers et usagères et employés à la prise de décision ;

- enfin, d'autres acteurs y voient un moyen de lutter contre l'exclusion et de renforcer la cohésion sociale.

Ces diverses initiatives se confondent souvent avec la définition que Jean-Louis Laville donne de l'économie solidaire. Cette mouvance se compose en bonne partie d'organismes à but non lucratif dans lesquels des usagers (souvent des usagères) et des travailleurs (souvent des travailleuses) mobilisent des ressources pour répondre à des besoins négligés par l'État ou par le marché. La majorité de ces organismes fonctionnent grâce à une combinaison de ressources : vente de biens ou de services, subventions gouvernementales, dons et bénévolat. Ces projets qui, jusqu'à tout récemment, ne portaient pas le nom d'économie sociale et qui, pour plusieurs, du moins jusqu'aux années 1980, ne se percevaient pas comme agissant sur le front économique, peuvent être *a posteriori* considérés comme la portion non marchande de l'économie sociale. Ils partagent en effet un grand nombre de valeurs et de visées communes avec des coopératives et autres entreprises collectives qui constituent la portion marchande de l'économie sociale.

Le mouvement des femmes

Dans cet historique, le mouvement des femmes occupe une place bien particulière. À partir des années 1970 et avec une croissance importante dans les années 1980, ce mouvement a développé de nouveaux groupes visant à répondre principalement aux problèmes de santé (centres de santé des femmes), de violence (maisons d'hébergement, centres d'aide et de lutte contre les agressions à caractère sexuel) et de pauvreté (centres de femmes) ainsi qu'à favoriser l'expression de la pensée féministe (revues, maisons d'édition et de production vidéo). Dans les centres de femmes notamment, sont nés des projets de cuisines collectives, de formation à l'emploi non traditionnel et même de micro-entreprises, puisqu'il fallait prendre «tous les moyens du bord» pour lutter contre la pauvreté et l'isolement des femmes (Belleau et D'Amours, 1993).

De plus, c'est à ce mouvement qu'on doit d'avoir inscrit à l'ordre du jour social et politique le soutien public aux initiatives développées par les mouvements sociaux depuis les années 1970, initiatives fonctionnant grâce au travail, parfois bénévole et parfois faiblement rémunéré, des femmes. Jusque-là très peu utilisée au Québec, l'expression *économie sociale* est portée à l'avant-scène en juin 1995. Des groupes de femmes organisent alors, à l'appel de la Fédération des femmes du Québec, la Marche des femmes contre la pauvreté autour du slogan *Du pain et des roses*. Elles formulent neuf revendications (David, 1995), dont l'une concerne la mise sur pied et la consolidation d'infrastructures sociales, c'est-à-dire des ressources mises en place par des collectivités pour améliorer leur qualité de vie. Il s'agit essentiellement de soutenir, par un financement plus adéquat, des initiatives communautaires jugées aussi essentielles au développement d'une société que les routes et les ponts (d'où le terme *infrastructures*).

La reconnaissance par l'État

À la revendication féministe des infrastructures sociales, le gouvernement québécois répond par la formation d'un Comité d'orientation et de concertation sur l'économie sociale (COCES) et par la création des comités régionaux d'économie sociale (CRÉS). Ces derniers ont le mandat de faire des recommandations au gouvernement concernant la définition, les critères et les projets d'économie sociale. Le Comité d'orientation et les CRÉS associent des représentantes de groupes de femmes et des représentants de trois ministères.

Puis, en mars 1996, le gouvernement convoque une conférence socioéconomique réunissant non plus seulement des représentants du patronat, des syndicats et du gouvernement, mais aussi une quatrième catégorie d'acteurs. Pour la première fois, groupes communautaires et groupes de femmes sont conviés à la table, aux côtés des représentants du gouvernement, du patronat et des syndicats. Deux groupes de travail sont alors créés, l'un portant sur l'économie et l'emploi, incluant l'économie sociale, et l'autre concernant la réforme des services publics. Le premier groupe de travail a pour mandats de préciser le modèle québécois d'économie sociale ainsi que d'identifier des conditions de réussite et des projets porteurs. Six mois plus tard, au Sommet sur l'économie et l'emploi qui se déroule fin octobre, l'économie sociale acquiert une reconnaissance officielle. Le Groupe de travail (qui deviendra le Chantier de l'économie sociale) reçoit un financement pour assurer le suivi des recommandations pendant les deux années à venir.

La définition qu'il propose est bien reçue par les partenaires et sera par la suite adoptée par le Conseil des ministres. Elle se lit comme suit :

> « Le concept d'économie sociale combine deux termes qui sont parfois mis en opposition : économie renvoie à la production concrète de biens ou de services ayant l'entreprise comme forme d'organisation et contribuant à une augmentation nette de la richesse collective ; sociale réfère à la rentabilité sociale, et non purement économique, de ces activités. Cette rentabilité s'évalue par la contribution au développement

démocratique, par le soutien d'une citoyenneté active, par la promotion de valeurs et d'initiatives de prise en charge individuelle et collective. La rentabilité sociale contribue donc à l'amélioration de la qualité de vie et du bien-être de la population, notamment par l'offre d'un plus grand nombre de services. Tout comme pour le secteur public et le secteur privé traditionnel, cette rentabilité sociale peut aussi être évaluée en fonction du nombre d'emplois créés.

Pris dans son ensemble, le domaine de l'économie sociale regroupe les activités et les organismes, issus de l'entrepreneuriat collectif, qui s'ordonnent autour des principes et règles de fonctionnement suivants:

- l'entreprise de l'économie sociale a pour finalité de servir ses membres ou la collectivité plutôt que de simplement engendrer des profits et viser le rendement financier;

- elle a une autonomie de gestion par rapport à l'État;

- elle intègre dans ses statuts et ses façons de faire un processus de décision démocratique impliquant usagères et usagers, travailleuses et travailleurs;

- elle défend la primauté des personnes et du travail sur le capital dans la répartition de ses surplus et revenus;

- elle fonde ses activités sur les principes de la participation, de la prise en charge et de la responsabilité individuelle et collective» (Chantier de l'économie sociale, 1996 : 6-7).

À partir du Sommet de 1996, l'économie sociale ainsi définie bénéficie d'un soutien accru des instances gouvernementales prenant différentes formes : reconnaissance de l'économie sociale comme un acteur à part entière dans les débats et les structures de développement, appui financier aux 25 projets soumis par le Chantier, diverses politiques de soutien (qui font l'objet de la première partie du prochain chapitre), levée de barrières administratives qui constituaient un frein au développement de cette forme particulière d'entreprises, etc. À titre d'exemple, une modification à la *Loi sur l'aide au développement des coopératives*, adoptée en juin 1997, a élargi son champ d'application pour intégrer les organismes sans but lucratif de même que les filiales des coopératives. Ainsi, en vertu de ce changement, les OBNL ont pu recevoir une aide financière sous forme de prêt ou de garantie de prêt d'Investissement Québec, qui a remplacé la Société de développement industriel du Québec (SDI) en 1998.

Ces politiques ont permis de renforcer le développement des initiatives de l'économie sociale, notamment du sous-ensemble des entreprises collectives, mais aussi de relancer les débats sur la nature de l'économie sociale, ses conditions de réussite, les liens entre ses diverses composantes, le rôle des mouvements sociaux en son sein et son apport potentiel au renouvellement du modèle québécois.

Chapitre 4

Les réalités contemporaines de l'économie sociale au Québec

UN PORTRAIT SECTORIEL ET TERRITORIAL

L'économie sociale au Québec représente aujourd'hui un ensemble d'entreprises et d'organisations, dans une variété de secteurs. Elles ont tissé entre elles un certain nombre de passerelles, habituellement sur des bases sectorielles ou régionales, qui permettent à des composantes mieux nanties de soutenir d'autres composantes, notamment en matière de ressources humaines et financières. Toutefois, l'économie sociale au Québec se distingue surtout par son réseau d'institutions intermédiaires destinées à appuyer le développement de ces entreprises et organisations et à défendre leur identité auprès des pouvoirs publics, avec la contribution critique des mouvements sociaux.

Une perspective sectorielle[1]

Les entreprises de l'économie sociale sont présentes dans de multiples secteurs d'activités : assurances, finance,

1. Les entreprises mentionnées sont compatibles avec la définition que propose Desroche des composantes de l'économie sociale. Nous les

agroalimentaire, immobilier, santé, services sociaux, éducation, culture, médias, tourisme, transport, énergie, environnement, développement économique, etc. Dans les pages qui suivent, nous présentons différents secteurs et leurs structures intermédiaires.

Le secteur des assurances

Le secteur des assurances compte les principaux acteurs suivants[2] : le Mouvement Desjardins, le Groupe Promutuel, constitué de 34 mutuelles d'assurances (produits d'assurance de dommages, de sécurité financière, d'épargne et de crédit[3]), SSQ Groupe financier (assurances générales, assurances collectives, investissement et retraite, immobilier[4]), la Capitale mutuelle de l'administration publique (assurances individuelles, assurances collectives, épargne et placement, retraite, gestion immobilière et location, etc.[5]), l'Union-vie, compagnie mutuelle d'assurances (assurance-vie[6]), la Survivance compagnie mutuelle d'assurance-vie (assurances individuelles et collectives[7]), l'Entraide Assurance (assurance-vie, assurance-maladie, assurance accident, assurance crédit[8]).

---

mentionnons à titre indicatif et ne prétendons évidemment pas à l'exhaustivité. Cette section reprend une première recension faite en 1997 par Marie-Claire Malo, complétée par Ralph Rouzier en 2005.

2. Selon le ministère du Développement économique, de l'Innovation et de l'Exportation (www.mdeie.gouv.qc.ca).
3. www.promutuel.ca
4. www.ssq.ca
5. www.lacapitale.com
6. www.union-vie.com
7. www.lasurvivance.com
8. www.lentraide.com

Le secteur financier

Le secteur financier de l'économie sociale englobe certains organismes spécifiquement dédiés au financement de ce type d'entreprises et d'autres qui contribuent à ce même objectif, bien que ce ne soit pas leur premier mandat. Le premier sous-groupe inclut entre autres le Réseau d'investissement social du Québec (RISQ) et la future Fiducie du Chantier de l'économie sociale ainsi que certaines composantes du mouvement Desjardins (Capital régional et coopératif Desjardins, Caisse d'économie solidaire Desjardins). Le deuxième sous-groupe englobe notamment le Fonds de solidarité FTQ et ses composantes régionales et locales (fonds régionaux de solidarité et sociétés locales d'investissement pour le développement de l'emploi ou SOLIDE), FondAction (le Fonds de développement de la CSN pour la coopération et l'emploi, qui a entre autres créé FilAction, le fonds pour l'investissement local et l'approvisionnement des fonds communautaires), de même que les Fonds communautaires d'emprunt et les cercles d'emprunt. Les composantes de ce deuxième sous-groupe participent souvent comme partenaires au montage d'investissement dans des entreprises collectives. Plus globalement, il existe au Québec plus de 620 fonds de développement locaux et régionaux (Lévesque, Comeau, Martel, Desrochers et Mendell, 2003) qui poursuivent des objectifs de création d'emplois, de développement local et régional et de développement durable, dont plus de 130 pratiquent des investissements communautaires (Lévesque *et al.*, 2004).

Le secteur agroalimentaire

Les entreprises d'économie sociale du secteur agroalimentaire sont dans plusieurs cas regroupées au sein de la Coopérative fédérée du Québec (qui offre des biens et services aux coopératives sociétaires), d'Agropur (produits laitiers) ou de la Fédération des coopératives d'alimentation du Québec (coopératives de consommateurs). Ces entreprises sont présentes en amont de la production (meuneries coopératives, quincailleries coopératives, coopératives d'utilisation de matériel agricole), dans la production et la commercialisation (aviculture, production porcine, coopératives de producteurs laitiers, coopératives avicoles, bleuetières, etc.), dans la distribution alimentaire (coopératives de consommateurs, coopératives de solidarité, banques alimentaires comme Moisson Montréal ou Magasins-Partage) et finalement dans la restauration et les services alimentaires (coopératives en milieu scolaire, cafés-bars coopératifs, entreprises d'insertion, soupes populaires, cuisines collectives). Ce secteur compte des entreprises qui se spécialisent dans la production et la distribution de produits biologiques, de produits équitables, de produits d'alimentation naturelle et de produits du terroir.

Le secteur de l'immobilier

Les principaux acteurs de l'économie sociale du secteur immobilier se trouvent dans trois principales catégories : les coopératives d'habitation, les OBNL d'habitation et les groupes de ressources techniques (GRT). Les coopératives d'habitation appartiennent collectivement à leurs membres locataires, qui se chargent de les gérer, tandis que les OBNL ont des conseils d'administration constitués de locataires et de gens impliqués dans le milieu. Les coopératives sont organisées en une structure à trois niveaux : les coopératives, les fédérations régionales, qui sont au nombre de huit, et la Confédération québécoise des coopératives d'habitation (CQCH). Concernant les OBNL, il existe aussi des fédérations régionales et un regroupement provincial : le Réseau québécois des OSBL d'habitation (RQOH). Par ailleurs, les GRT sont des OBNL qui appuient autant les coopératives que les OBNL d'habitation dans leurs projets de création ou d'expansion. Nés du mouvement communautaire, les GRT en habitation sont presque tous réunis au sein de l'Association des groupes de ressources techniques du Québec (AGRTQ). Dans ce secteur, il existe également des OBNL de mise en valeur du patrimoine architectural, des coopératives de travailleurs du bâtiment, de même que les fonds dédiés aux entreprises d'économie sociale de ce secteur (ex. : Fonds d'investissement de Montréal). S'ajoutent à cela des coopératives de travailleurs de l'hôtellerie, des immeubles collectifs comme les centres communautaires, de même que des projets de développement immobilier communautaire (le projet Angus[9], par exemple) et des coopératives de consommateurs

---

9. Le projet Angus, localisé dans les anciens Ateliers Angus, fait référence au processus de revitalisation industrielle initié par la Corporation de développement économique communautaire Rosemont-Petite-Patrie et pris en charge par la Société de développement Angus. Ce projet a donné lieu au Technopôle Angus, un site industriel innovant et unique de par la stratégie de développement mise de l'avant. Ce dernier est situé au cœur de Montréal, où sont localisés différents immeubles accueillant des entreprises de la nouvelle économie et de l'économie sociale. Un des immeubles est consacré aux biotechnologies et un autre à l'économie sociale (Fontan, Klein et Lévesque, 2005).

dans le domaine de la santé ou de producteurs artistiques, détentrices d'immeubles abritant leurs activités.

Le secteur de la santé, des services sociaux et des services personnels

Ce vaste secteur d'activité regroupe d'abord une centaine d'entreprises d'économie sociale en aide domestique ayant statut de coopératives ou d'OBNL. Il existe plusieurs regroupements représentant ces entreprises : le Regroupement des entreprises d'économie sociale en aide domestique (REESADQ), qui réunit les OBNL et certaines coopératives ; la Fédération des coopératives en services à domicile du Québec, qui réunit des coopératives ; ainsi que la toute nouvelle Association des partenaires réseautés en économie sociale (APRES), qui regroupe tant des coopératives d'aide domestique que des OBNL. Dans ce secteur, soulignons aussi l'importance des coopératives funéraires, qui sont réunies au sein d'une fédération. Il existe également une dizaine de centres de ressources périnatales, représentés par un réseau provincial. Ce secteur compte encore les cliniques communautaires sans but lucratif, les coopératives d'usagers de services de santé, les coopératives d'approvisionnement d'établissements de santé et de services sociaux, les coopératives de travailleurs en santé alternative, une grande quantité d'OBNL qui travaillent dans le champ de la santé mentale, de l'alcoolisme, de la toxicomanie, des ressources pour les jeunes (maisons de jeunes, carrefours jeunesse-emploi) et pour les femmes (centres de femmes, refuges pour femmes en difficulté), des buanderies et cafétérias sans but lucratif dans les centres hospitaliers, etc.

Le secteur des services de garde

Près d'un millier de centres à la petite enfance (CPE) constituent principalement ce secteur. Ils sont représentés par deux regroupements provinciaux : l'Association des centres de la petite enfance et le Conseil québécois des centres de la petite enfance. À ceux-ci, s'ajoutent d'autres services de garde sans but lucratif ou coopératifs.

Le secteur de l'éducation

Au sein de ce secteur se trouvent les services de formation offerts par les regroupements sectoriels et territoriaux d'entreprises d'économie sociale :

- des coopératives d'orienteurs professionnels ;
- des coopératives en milieu scolaire ;
- les coopératives jeunesse de services ;
- des fondations comme la Fondation d'éducation à la coopération du Conseil de la coopération du Québec (CCQ) et la Fondation Desjardins ;
- les associations coopératives d'économie familiale (ACEF) ;
- les organismes volontaires d'éducation populaire et d'alphabétisation ;
- les maisons familiales rurales ;
- des organismes sans but lucratif spécialisés dans la formation comme le Centre Saint-Pierre, des entreprises de loisir et de tourisme social de même que des entreprises culturelles qui ont un volet éducatif ainsi que des instituts universitaires et des chaires de recherche, notamment la Chaire de

coopération Guy-Bernier et la Chaire de recherche du Canada en économie sociale.

Notons aussi la présence d'un Comité sectoriel de main-d'œuvre en économie sociale et en action communautaire, qui travaille à la formation et au développement de la main-d'œuvre.

Le secteur culturel

Dans ce secteur, des entreprises d'économie sociale sont présentes dans l'imprimerie, la reliure et l'édition (coopératives de travailleurs, éditeurs sans but lucratif). À cela, il faut ajouter des lieux de diffusion culturelle (musées, salles de spectacle, cinémas, etc.), des groupes de création artistique (théâtre, musique, danse, etc.), des entreprises de production audiovisuelle et d'autres qui font la production de spectacles. Il existe aussi dans ce secteur une caisse spécialisée (Caisse d'économie de la culture), des groupements de services aux artistes (Coopérative artistique La Méduse dans l'immobilier et les services connexes), des coopératives d'artisans, etc.

Le secteur des médias, des communications et des technologies de l'information et de la communication (TIC)

Dans le secteur des médias, des communications et des technologies de l'information et de la communication (TIC), on compte des médias communautaires et alternatifs (journaux, stations de radio et chaînes de télévision), lesquels sont structurés en regroupements. On trouve effectivement la Fédération des télévisions communautaires (FTC), l'Association des radios communautaires (ARC) et l'Association des médias écrits communautaires du Québec (AMECQ). Il y a aussi des entreprises qui œuvrent dans le vaste champ des communications et des TIC. Elles offrent des services de câblodistribution (celles-ci sont réunies au sein d'une fédération), construisent et hébergent des sites ou des portails, font du développement de logiciels, du soutien technique, du soutien au développement informatique et des réseaux locaux, investissent le champ du multimédia, offrent le branchement à Internet, des services-conseils, de la formation, des services d'accès public à Internet, font du recyclage et du montage d'ordinateurs, etc.

Le secteur du tourisme et des loisirs

Dans le secteur du tourisme et des loisirs, on compte peu de coopératives (environ une trentaine), mais beaucoup d'associations diverses (7 000 associations locales, 138 associations régionales et 49 associations provinciales). Ce secteur s'articule autour de cinq catégories principales, soit le loisir culturel, le plein air, le socioéducatif, le scientifique et le touristique. La plupart des entreprises œuvrant dans ces catégories sont regroupées au sein de fédérations diverses, lesquelles sont membres du Conseil québécois du loisir (CQL). À titre d'exemple, mentionnons les camps d'été et bases de plein air sans but lucratif tels les camps familiaux et les camps de vacances, les coopératives d'agents de voyages, les hôtels coopératifs et les auberges de jeunesse, les festivals et les événements.

Le secteur du transport

Dans ce secteur, appartiennent à l'économie sociale les coopératives de chauffeurs de taxi, les coopératives d'utilisateurs d'automobiles, les coopératives de travailleurs ambulanciers, des entreprises de transport collectif et les OBNL de covoiturage.

Le secteur de l'énergie et des ressources naturelles

Dans ce secteur, on trouve les coopératives forestières regroupées au sein de la Conférence des coopératives forestières du Québec et les coopératives de travailleurs actionnaires d'entreprises forestières, les organismes de gestion de la forêt habitée, des centres d'interprétation sans but lucratif, des OBNL de gestion de parcs et de réserves fauniques, des coopératives d'aqueduc, la coopérative de travailleurs actionnaires d'une entreprise d'amiante, la Coopérative régionale d'électricité de Saint-Jean-Baptiste-de-Rouville, les coopératives d'économie d'énergie, etc.

Le secteur de l'environnement

En environnement, mentionnons les ressourceries, qui sont des entreprises d'économie sociale ayant la double mission de gérer des matières résiduelles et de créer des emplois durables. Les ressourceries sont réunies au sein du Réseau des ressourceries du Québec. Il y a aussi certaines entreprises adaptées et certaines entreprises d'insertion qui déploient leurs activités dans le secteur de l'environnement. Enfin, il existe des centres de formation en entreprise et récupération (CFER) qui sont des écoles offrant des programmes de formation à des jeunes en difficulté d'apprentissage et les dirigeant vers des entreprises en environnement pour le volet pratique de leur formation.

Dans le secteur du développement, mentionnons des coopératives et des OBNL de soutien au développement coopératif (CDR), au développement régional, local et communautaire (CLD, CDÉC, CDC, SADC, les fonds communautaires d'emprunt et les cercles d'emprunt, etc.), au développement durable (OBNL en environnement), au développement de l'employabilité, au développement des communautés autochtones et allophones ainsi qu'au développement international.

Finalement, il convient de présenter deux types d'entreprises présentes dans plusieurs secteurs d'activité : les entreprises d'insertion et les entreprises adaptées. Les entreprises d'insertion sont des entreprises d'économie sociale dont le but principal est de répondre à des besoins de formation et d'accompagnement de personnes en sérieuses difficultés d'intégration au marché du travail, dans un objectif de lutte à la pauvreté et à l'exclusion. Leur originalité réside dans la cohabitation d'une fonction d'insertion/formation et d'une activité économique véritable, sans but lucratif. Elles sont regroupées au sein du Collectif des entreprises d'insertion et œuvrent dans différents secteurs d'activité : récupération, alimentation, tourisme, etc. Pour leur part, les entreprises adaptées embauchent un nombre important de personnes handicapées (3 700 au Québec). Elles adaptent leur équipement et leurs méthodes de travail en fonction des handicaps. Elles sont actives dans les secteurs de la couture, de la manutention et de l'emballage, de la récupération, etc. Elles sont représentées par le Conseil québécois des entreprises adaptées.

Une perspective territoriale[10]

L'économie sociale au Québec se déploie aussi selon une dynamique territoriale. En effet, nombre de projets collectifs voient le jour dans des territoires (municipalités, MRC, quartiers de villes ou toute autre unité territoriale) pour répondre aux besoins des populations locales. Parfois ces projets sont multisectoriels, parfois ils se rattachent à un secteur d'activité où il n'y a pas de regroupement sectoriel d'entreprises d'économie sociale, tandis que, dans d'autres cas, ils s'insèrent dans un secteur d'activité bien organisé. Ainsi, pour appuyer le travail des promoteurs locaux et régionaux, des outils et des regroupements territoriaux ont été mis en place. Ceux-ci revêtent une importance particulière pour les projets qui ne se rattachent pas à un secteur d'activité bien organisé.

La Politique de soutien au développement local et régional adoptée par le gouvernement du Québec en 1997 a permis de créer les Centres locaux de développement (CLD) en leur donnant le mandat de travailler tant au développement de l'entrepreneurship traditionnel qu'à celui de l'économie sociale et de les doter d'un fonds d'économie sociale. Cette politique est présentée plus en détail à la section sur les politiques publiques. Mentionnons toutefois que le fonds d'économie sociale permet d'appuyer financièrement le développement et la consolidation d'entreprises d'économie sociale sur une base territoriale.

Sur le plan territorial, les promoteurs d'entreprises collectives ont accès aux services de structures intermédiaires

---

10. Cette section a été rédigée par Geneviève Huot.

pour les aider à faire cheminer leurs projets. Nous avons déjà parlé des CLD, mais ils ne sont pas les seuls à y œuvrer. En effet, des corporations de développement économique communautaire (CDÉC)[11], des fonds d'emprunt communautaires, des corporations de développement communautaire (CDC) et des sociétés d'aide au développement des collectivités (SADC) y travaillent aussi. De plus, les coopératives de développement régional (CDR) accompagnent le développement des coopératives sur leur territoire.

Par ailleurs, il existe maintenant au Québec des pôles régionaux d'économie sociale, dont le rôle est de promouvoir l'économie sociale et de favoriser la concertation et le partenariat entre les intervenants locaux et régionaux en économie sociale afin d'harmoniser les interventions et d'en maximiser les effets. Ces pôles sont constitués d'entreprises d'économie sociale et des structures intermédiaires locales et régionales de soutien au développement. Souvent, ils ont été formés à partir des comités régionaux d'économie sociale (CRÉS) là où ils existaient encore, mais là où il n'y avait plus de CRÉS la constitution de pôles a permis de relancer la concertation régionale en économie sociale entre les entreprises et les structures intermédiaires.

LES POLITIQUES PUBLIQUES

Depuis la reconnaissance officielle de l'économie sociale en 1996, le gouvernement du Québec a mis en place un certain nombre de politiques ciblant de manière différenciée les coopératives et organismes à but non lucratif qui vendent

---

11. Certaines CDEC ont un mandat de CLD.

des biens ou tarifent des services (les entreprises collectives représentant la portion marchande de l'économie sociale) et les OBNL qui, partageant de nombreuses caractéristiques avec les précédentes, ne vendent pas de biens ni de services (représentant la portion non marchande de l'économie sociale). Les politiques étatiques ont progressivement réservé l'appellation *économie sociale* aux entreprises collectives et désigné les organisations qui produisent des services non marchands sous l'expression *action communautaire autonome*. Dans les pages qui suivent, nous présentons de manière succincte les politiques publiques qui viennent en appui au développement des coopératives, des entreprises collectives et des groupes d'action communautaire autonome.

Soutien aux coopératives financières et non financières

Le développement des coopératives financières est balisé par la *Loi sur les caisses d'épargne et de crédit*, dont l'administration est confiée à l'inspecteur général des institutions financières. Cette nouvelle loi, réformée en 1989, a permis le regroupement des filiales (compagnies à capital-actions) du Mouvement des Caisses Desjardins dans quatre sociétés de portefeuille. Les caisses sont actionnaires des sociétés de portefeuille; chacune a une action votante et la confédération a transféré à chaque caisse un nombre égal d'actions. Soulignons, en 1998, l'adoption de la *Loi sur la distribution de produits et services financiers,* qui s'inscrivait dans le courant de déréglementation et de décloisonnement. Cette loi a été modifiée en 2000 sous le nom de *Loi sur le mouvement Desjardins*, notamment en raison de la création de la

Fédération unique au Québec (Malo, 2001). En 2003, le projet de loi modifiant la *Loi sur les coopératives de services financiers* a été adopté. La modification concerne les ristournes aux membres, la rémunération des membres des conseils d'administration, etc.

Le développement des coopératives non financières est régi par la *Loi sur les coopératives*, dont l'application relève du ministère de l'Industrie, du Commerce, de la Science et de la Technologie. Cette loi s'inspire des six principes adoptés par l'Alliance coopérative internationale lors de son congrès de 1966. Elle a été modifiée en 1995, mais ces modifications ne sont entrées en vigueur qu'en février 1997. Elles introduisent une rupture dans la tradition de fidélité à la tradition coopérative qui caractérisait jusque-là le régime législatif balisant la création et le fonctionnement des coopératives au Québec. En effet, les principes de liberté d'adhésion, d'égalité des membres (« un membre, un vote ») et d'intérêt limité sur le capital étaient inclus dans la législation depuis 1888, le principe d'une réserve obligatoire depuis 1912 et le caractère impartageable de la réserve depuis 1968 (Bouchard *et al.*, 1995 : 221-228).

Or, les modifications mises en œuvre à partir de 1997 autorisent des dérogations au système des règles coopératives et ce, essentiellement pour permettre d'augmenter la capitalisation, quitte à faire appel à des investisseurs extérieurs et à leur donner accès au pouvoir et à la répartition des excédents. Par exemple, la loi de 1997 établit la possibilité (et non plus l'obligation) de constituer une réserve. Elle ouvre à d'autres qu'aux membres la possibilité de détenir des parts privilégiées participantes qui donnent le droit de recevoir un intérêt (jusqu'à un maximum de 25 % des trop perçus ou excédents). Elle permet également que des non-membres soient élus administrateurs (jusqu'à concurrence de 25 % des postes). Selon Bouchard *et al.* (1995), ces transformations risquent d'introduire une rupture dans la cohérence des règles assurant la stabilité relative de la combinaison groupement de personnes et entreprise.

Une autre modification, adoptée en juin 1997, autorise la création de coopératives de solidarité réunissant les travailleurs, les usagers et, le cas échéant, d'autres personnes ou sociétés.

> « La coopérative de solidarité est celle qui regroupe à la fois des membres qui sont des utilisateurs des services offerts par la coopérative et des membres qui sont des travailleurs œuvrant au sein de celle-ci. En outre, toute autre personne ou société qui a un intérêt économique ou social dans l'atteinte de l'objet de la coopérative peut aussi en être membre » (art 226.1).

Finalement, en 2003, le projet de loi modifiant la *Loi sur les coopératives* a été adopté, notamment dans le but de simplifier certaines règles relatives au fonctionnement administratif de ces entreprises.

Soutien aux entreprises collectives

Le soutien aux entreprises collectives se manifeste à la fois par des politiques sectorielles, par des politiques territoriales et par des politiques génériques.

Les politiques sectorielles

Il s'agit d'outils qui permettent le développement d'entreprises collectives dans des secteurs stratégiques. L'État peut intervenir de différentes façons pour renforcer les secteurs d'activité des entreprises d'économie sociale en contribuant à la structuration de leur marché, soit directement, en finançant la demande par des programmes d'aide à l'utilisateur (habitation communautaire, aide domestique, CPE, périnatalité), soit par des déductions d'impôt offertes à d'autres financeurs privés pour des dons et commandites, ce qui revient à faire indirectement baisser le prix du service pour le public ciblé (culture et loisirs, par exemple), soit en capitalisant les entreprises d'économie sociale en environnement, encourageant ainsi les municipalités à utiliser le service des ressourceries. L'État intervient aussi dans le secteur de l'insertion et de l'intégration en emploi de populations marginalisées. Ces politiques identifient nommément l'économie sociale et mettent à la disposition de ces entreprises des outils financiers et autres destinés à soutenir leur développement.

Une portion importante du soutien gouvernemental à l'économie sociale a été octroyée au Programme de places à contribution réduite dans les centres de la petite enfance, par lequel l'État finance l'offre de services de garde éducatifs à coût réduit (5 $ par jour en 1997 et 7 $ par jour depuis 2004) pour les parents d'enfants âgés de 0 à 4 ans, soit dans une garderie (en établissement), soit en milieu familial. Ce programme peut aussi s'appliquer pour les enfants de la maternelle et du primaire. Le gouvernement du Québec consacre 1,1 milliard de dollars par année à ce programme, qui constitue l'un des trois axes de sa Politique familiale. Le réseau des centres à la petite enfance regroupe 1 004 entreprises qui totalisent 168 000 places de garde et emploient quelque 40 000 travailleuses et travailleurs, ce qui en fait le troisième plus gros employeur non public du Québec.

Le Programme d'exonération financière pour les services d'aide domestique a favorisé le développement d'un réseau de 103 entreprises d'économie sociale en aide domestique en apportant un soutien financier à la clientèle potentielle de ces entreprises. Mis sur pied en 1997, ce programme prévoit une réduction d'un montant fixe de 4 $ pour chaque heure de service et une réduction supplémentaire variant entre 0,20 $ et 6 $ selon le revenu de l'usager. Le gouvernement du Québec investit 48 millions de dollars par année dans ce programme qui, depuis sa création, a desservi environ 76 000 usagers dont une majorité de personnes âgées, en fournissant de l'emploi à quelque 6 000 travailleuses et travailleurs.

Le Programme d'aide aux entreprises d'économie sociale œuvrant dans le secteur de la gestion des matières résiduelles a été créé en 2001 afin de soutenir la création, le développement et la consolidation d'entreprises d'économie sociale actives dans la récupération, la valorisation, la réutilisation et la revente des matières résiduelles. Ce programme, qui offrait des subventions non récurrentes (au total 22 millions de dollars sur 5 ans), a pris fin en décembre 2004. Il a été remplacé par un nouveau programme qui les financera à hauteur de quatre millions de dollars sur trois ans. La quarantaine de ressourceries, auxquelles il faut ajouter 15 entreprises d'insertion et 6 entreprises adaptées œuvrant dans le secteur de la gestion des matières résiduelles, embauchent au total un millier de travailleuses et travailleurs.

Le gouvernement du Québec a également procédé en 1997 à la création du Fonds québécois d'habitation communautaire et à la mise sur pied des programmes Accès-logis Québec et Logement abordable, afin d'encourager la réalisation de logements sociaux et communautaires pour des ménages à revenu faible ou modeste. Quelque 14 000 unités de logement ont été construites par des coopératives et des OBNL depuis 1997, avec des investissements ayant totalisé 630 millions de dollars dont environ 250 millions en provenance du gouvernement fédéral et 380 millions financés par le gouvernement du Québec. Le budget 2006 du gouvernement du Québec a ajouté 80 millions de dollars et 1 400 logements supplémentaires.

Le Programme de périnatalité permet une contribution financière de l'État à l'achat par les futurs parents et par les parents de jeunes enfants de services offerts par un centre de ressources périnatales. Le soutien gouvernemental, qui s'élève à 1,5 million de dollars par année, a soutenu le développement de 10 entreprises générant 110 emplois et ayant dispensé des services à 10 200 familles en 2004-2005.

Les politiques territoriales

Le gouvernement du Québec a adopté en avril 1997 une Politique de soutien au développement local et régional créant une centaine de centres locaux de développement (CLD) qui regroupent différents acteurs socioéconomiques sur le territoire d'une municipalité régionale de comté (MRC) ou de son équivalent en milieu urbain. Notons qu'à

Montréal les corporations de développement économique communautaire (CDÉC) ont le mandat de CLD.

Cette politique a soutenu le développement de l'économie sociale sur deux plans : local et régional. Sur le plan local, elle a inscrit le développement de l'économie sociale dans les mandats des CLD. À l'époque, ces derniers avaient un conseil d'administration composé d'une multiplicité d'acteurs, avec des sièges réservés pour les représentants de l'économie sociale, des organismes communautaires et des syndicats. En outre, grâce aux pressions du Chantier de l'économie sociale, ils disposaient alors d'une enveloppe réservée aux entreprises d'économie sociale. Les comités régionaux d'économie sociale (CRÉS), mis en place à l'automne 1995 à la suite de la Marche des femmes contre la pauvreté, recevaient le mandat de veiller à la promotion de l'économie sociale sur le plan régional et d'assurer la concertation entre les acteurs du territoire ; ils étaient placés sous la responsabilité des conseils régionaux de développement (CRD), lesquels n'avaient toutefois pas nommément le mandat de développer l'économie sociale. En effet, ce mandat était dévolu aux CLD, qui, selon la loi, n'avaient pas de comptes à rendre aux CRD.

En 2004, une nouvelle loi est venue modifier sensiblement les rôles et les responsabilités concernant le développement territorial. À l'échelle locale, ce sont désormais les municipalités régionales de comté (MRC) qui ont le mandat du développement des territoires et ce mandat comporte une obligation de résultats en économie sociale. Dans la très vaste majorité des cas, les MRC confient toutefois ce mandat aux CLD. La loi prévoit qu'il doit y avoir un représentant de l'économie sociale au sein des conseils d'administration des

CLD ou de l'instance nommée par la MRC pour s'occuper du développement économique. Les CLD ont toujours l'obligation de financer les entreprises d'économie sociale, mais il n'y a plus d'obligation d'avoir une enveloppe réservée à cet effet.

Sur le plan régional, les CRD disparaissent, faisant place aux conférences régionales des élus (CRÉ). Les CRÉ n'ont pas l'obligation de reconnaître les comités régionaux d'économie sociale et encore moins de déléguer un employé pour travailler avec ces derniers. À l'initiative du Chantier de l'économie sociale, les CRÉS se transforment en pôles régionaux de l'économie sociale à partir de 2004. En 2006, 15 pôles sont en formation ou déjà constitués dans autant de régions du Québec. Les CRÉ ont choisi d'appuyer les pôles dans la grande majorité des régions.

Les politiques génériques

Ces politiques touchent toutes les initiatives de l'économie sociale, peu importe le secteur et le territoire. Il s'agit d'outils financiers, d'outils d'aide technique et d'accompagnement des projets, d'outils de formation et d'outils de recherche et de développement. Ces outils doivent reconnaître le caractère spécifique, démocratique et solidaire de ces initiatives, notamment en évaluant leur rendement sur les plans financier, social et environnemental.

C'est ainsi que l'action gouvernementale a appuyé la mise sur pied d'outils de financement diversifiés (voir au début de ce chapitre les composantes de l'économie sociale dans le secteur financier) et assumé en bonne partie le financement des institutions intermédiaires que sont le

Chantier de l'économie sociale, le Comité sectoriel de main-d'œuvre en économie sociale et en action communautaire et le Réseau d'investissement social du Québec. Le soutien financier à la recherche en partenariat dans le domaine de l'économie sociale est quant à lui pris en charge par le gouvernement fédéral, par le biais du programme ARUC (Alliance de recherche universités-communautés) du Conseil de recherche en sciences humaines du Canada. Depuis 2004, Ottawa a intensifié son soutien à l'économie sociale par la mise sur pied d'un Programme de développement des capacités (17 millions de dollars sur 2 ans, dont 3 millions par année au Québec) et par la constitution d'un Fonds de capital patient (100 millions de dollars, dont 28,5 pour le Québec) pour soutenir la capitalisation de ces entreprises. Ce fonds permettra la création de la Fiducie du Chantier de l'économie sociale.

Soutien aux organismes communautaires

La portion non marchande de l'économie sociale est reconnue dans un autre projet de politique, la Politique de reconnaissance de l'action communautaire autonome, rédigée par le Secrétariat à l'action communautaire autonome (SACA) avec la collaboration de représentants de regroupements sectoriels d'organismes communautaires. Le SACA a aussi pour mandat de gérer le Fonds d'aide à l'action communautaire autonome, financé par un pourcentage (5 %) des bénéfices nets des casinos.

Cette Politique de reconnaissance, déposée en avril 2001, définit l'action communautaire autonome par sa mission globale en matière d'éducation populaire et de transformation sociale, de soutien à la vie démocratique, de développement d'une vision globale des problématiques, d'exercice de la citoyenneté et d'enracinement dans la communauté. Outre leurs caractéristiques de non-lucrativité, d'enracinement dans la communauté, de vie associative et démocratique et de liberté dans la détermination des approches, pratiques et orientations, les organismes d'action communautaire autonome sont définis par les quatre critères suivants : ils ont été constitués à l'initiative de gens de la communauté ; ils poursuivent une mission sociale propre à l'organisme et qui favorise la transformation sociale ; ils font preuve de pratiques citoyennes et d'approches larges axées sur la globalité des problématiques abordées ; et ils sont dirigés par un conseil d'administration indépendant du réseau public.

Le document de Politique soumet que 4 000 groupes au Québec correspondraient à cette définition, dans des secteurs aussi divers que l'action bénévole, l'environnement, l'alphabétisation populaire, la famille, les autochtones, les femmes, les jeunes, les personnes handicapées, les réfugiés, immigrants et membres des communautés culturelles, la consommation, le logement, la défense des droits, les loisirs, l'éducation et les communications.

À la suite de la pression exercée par leurs leaders, ces groupes sont reconnus et financés d'abord pour leur mission globale de transformation sociale et de développement de la citoyenneté et secondairement par des ententes avec l'État pour la livraison de certains services. En effet, la Politique propose une réorientation progressive des modes de financement antérieurs pour en arriver à une formule en trois volets : la part prépondérante du soutien financier serait octroyée en appui à la mission globale du groupe, qui, sur une base volontaire, pourrait compléter ses recettes par la livraison de services complémentaires au réseau public ou par des projets ponctuels faisant l'objet d'ententes spécifiques. Les organismes communautaires peuvent également initier des projets d'économie sociale, mais le dispositif de soutien à la mission globale ne s'applique pas à cette portion des activités, qui devra se financer selon les mêmes critères que l'entreprise d'économie sociale. Ces groupes sont aussi admissibles à des programmes de financement par des ministères spécifiques (Santé, Éducation, etc.). Pris globalement, le soutien gouvernemental à l'action communautaire autonome s'élevait à 471 millions de dollars en 2000-2001, dont 51 % provenaient du ministère de la Santé et des Services sociaux (D'Amours, 2002b).

LES MOUVEMENTS SOCIAUX

Comme nous l'avons vu dans un précédent chapitre, l'histoire de l'économie sociale au Québec est indissociable de celle des mouvements sociaux. C'est bien souvent des rangs syndicaux, populaires et communautaires, féministes et plus récemment écologistes que sont issues les organisations du secteur non marchand de l'économie sociale, ainsi que bon nombre d'entreprises collectives. Des représentants et représentantes de ces mêmes mouvements ont été présents au Comité d'orientation, puis au Groupe de travail sur l'économie sociale et enfin au Chantier de l'économie sociale et, à ce titre, ont été partie prenante de leurs orientations. Les espoirs mais aussi les craintes émanant de leurs membres ont fourni et continuent de fournir matière à débat et à

réflexion. «Les mouvements sociaux doivent être la cons-
cience critique de l'économie sociale», affirmait le Chantier
en 2000. Finalement, tout en conservant une distance
critique, les mouvements sociaux ont jusqu'ici accepté de
participer avec d'autres acteurs aux différentes instances
locales, régionales et sectorielles dans lesquelles se joue en
partie le sort de l'économie sociale.

La spécificité de l'économie sociale québécoise en
contexte nord-américain pourrait être résumée autour de
deux éléments. D'une part, comme en témoignent sa reconnaissance officielle et la panoplie de politiques soutenant
son développement, son degré d'institutionnalisation est
sans commune mesure avec ce qu'on trouve dans les autres
provinces canadiennes et aux États-Unis (Vaillancourt *et al.*,
2000). D'autre part, cette institutionnalisation est le produit
de luttes et de compromis entre l'État et les mouvements
sociaux (Vaillancourt et Favreau, 2000; D'Amours, 2002).
En effet, les politiques de soutien à l'économie sociale, son
financement et jusqu'à sa définition peuvent être vus, non
pas comme des règles imposées unilatéralement par l'État,
mais comme le produit de compromis reflétant le pouvoir
inégal des acteurs, et, parmi eux, ceux issus des mouvements
sociaux. Les résultats ont insatisfait certains et surtout certaines au point de les amener à se retirer du débat, mais la
majorité des représentants des mouvements sociaux ont
jusqu'ici opté pour la stratégie de la chaise pleine plutôt que
pour la stratégie de la chaise vide, qui laisserait aux autres le
pouvoir de définir et d'orienter le développement de l'économie sociale (Corbeil, Descarries et Galerand, 2002).

Par exemple, les acteurs du mouvement coopératif ont
discuté pendant quatre ans des modifications à apporter à la

loi de 1983. C'est en bonne partie à cause des tiraillements entre les partisans de la survie des coopératives en contexte de mondialisation et les partisans du maintien des règles coopératives que les modifications à la loi ont été mises en œuvre en 1997 plutôt qu'en 1993, date initialement prévue. A *posteriori,* on peut voir la législation de 1997 comme un compromis entre les différentes tendances alors en débat. En effet, le législateur a ouvert la porte à des formes hybrides entre entreprise coopérative et entreprise capitaliste, mais a refusé d'intégrer les propositions de modifications les plus radicales, qui allaient dans le sens d'autoriser la partageabilité de la réserve ou d'allouer aux membres investisseurs un droit de vote au prorata du capital détenu. Par ailleurs, l'article 226 permettant la création de coopératives de solidarité répond positivement à une demande du Chantier de l'économie sociale, qui y voyait un élément facilitant le démarrage de petites coopératives regroupant à la fois des travailleurs et des usagers (D'Amours, 2002a).

UN SYSTÈME D'INNOVATION

L'innovation sociale peut être définie comme toute nouvelle approche, pratique ou intervention, ou encore tout nouveau produit qui vise l'amélioration d'une situation ou la solution d'un problème social. Pour être reconnu comme une innovation, la nouvelle approche ou le nouveau produit doit être diffusé et sa validation peut passer par le marché, par les services publics ou par le secteur de l'économie sociale, contribuant ainsi à son institutionnalisation.

Les innovations relevant de l'économie sociale, comme elles répondent généralement à des besoins non satisfaits par le marché et par l'État, seraient plus innovatrices que d'autres. Leur gouvernance ainsi que leur ancrage dans la communauté conjugué à leur proximité avec certaines catégories sociales leur permettent d'identifier rapidement les besoins et les possibilités. Dans ce contexte, ce type d'innovations sociales devient donc partie prenante d'un certain renouvellement du modèle de développement (Lévesque, 2002). Toutefois, cela ne signifie pas que toutes les entreprises d'économie sociale soient innovatrices (Lévesque et Mendell, 1999).

Lévesque (2002) voit les composantes de l'économie sociale québécoise et leurs liens comme un système d'innovation (voir figure 9). Au centre de ce système d'innovation, on trouve une gouvernance nationale relativement autonome mais reconnue et soutenue par l'État. Phénomène spécifique au Québec, les entreprises et organismes de l'économie sociale peuvent compter sur un réseau d'institutions intermédiaires ayant pour mandat de les promouvoir, de les représenter, de contribuer à leur financement, à la formation de leur main-d'œuvre ainsi qu'à la systématisation et à la diffusion des connaissances par le biais de la recherche. La courte liste qui suit concerne les principales organisations à caractère national et, pour qu'elle soit exhaustive, il faudrait y ajouter les nombreux regroupements et structures d'appui qui existent sur les plans tant régional que sectoriel et qui, pour la grande majorité, ont été présentés dans les sections sur les perspectives sectorielle et territoriale.

Figure 9
Le système d'innovation de l'économie sociale

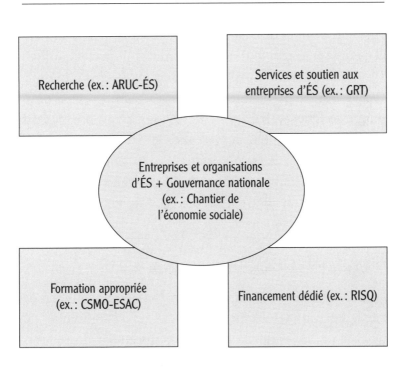

Recherche (ex.: ARUC-ÉS)

Services et soutien aux entreprises d'ÉS (ex.: GRT)

Entreprises et organisations d'ÉS + Gouvernance nationale (ex.: Chantier de l'économie sociale)

Formation appropriée (ex.: CSMO-ESAC)

Financement dédié (ex.: RISQ)

Source: Lévesque, 2002

Le Chantier de l'économie sociale

Le Groupe de travail sur l'économie sociale, créé dans le cadre de la Conférence sur l'économie et l'emploi, s'incorpore sous le nom de Chantier de l'économie sociale en 1997 et devient une corporation autonome à but non lucratif en 1999. Sa principale mission est de promouvoir l'économie sociale comme partie intégrante de la structure socioéconomique du Québec. Il exerce cette mission à travers différents mandats : promotion, représentation, développement de nouveaux créneaux et concertation des acteurs. Son conseil d'administration est composé de 32 membres représentant des secteurs et des entreprises d'économie sociale, ainsi que des mouvements sociaux.

Le Conseil de la coopération du Québec

Le Conseil de la coopération du Québec a pour mission de participer au développement social et économique du Québec en favorisant le plein épanouissement du mouvement coopératif, en accord avec les principes et les valeurs de l'Alliance coopérative internationale. Depuis sa fondation en 1940, il organise la concertation entre les secteurs coopératifs et avec leurs partenaires ; effectue la représentation et défend les intérêts de l'ensemble du mouvement coopératif québécois ; et enfin favorise le développement coopératif afin de multiplier les effets bénéfiques de la coopération pour ses membres et pour la population. Son conseil d'administration est composé de 17 membres représentant différents secteurs du mouvement coopératif.

Le Réseau d'investissement social du Québec

Le Réseau d'investissement social du Québec (RISQ) est un fonds de capital de risque à but non lucratif mis sur pied en 1997 par le Chantier de l'économie sociale. Il vise à soutenir l'essor des entreprises collectives par l'injection de capital servant de levier financier pour la réalisation de leurs projets. Le volet prêt à la capitalisation consiste en une aide financière (jusqu'à 50 000 $) sous forme de capital complémentaire à celui d'autres institutions de financement. Le volet d'aide technique appuie financièrement des études liées à la faisabilité des projets. Le RISQ sera chargé de la livraison des produits financiers de la Fiducie du Chantier de l'économie sociale destinés aux entreprises d'économie sociale.

La Fiducie du Chantier de l'économie sociale

Créée en 2006, la Fiducie du Chantier de l'économie sociale aura comme mission d'approvisionner en capitaux les entreprises d'économie sociale. Les produits de capital patient mis en place par cette fiducie soutiendront d'une part les entreprises qui ont des projets d'acquisition, de construction et/ou de rénovation d'actifs immobiliers dans le cadre de leurs opérations ; d'autre part, ils pourront aussi appuyer les entreprises en ce qui concerne leurs fonds de roulement, ainsi qu'en matière de besoins d'équité. Ce type de financement permettra d'équilibrer la structure financière des entreprises selon un degré acceptable d'endettement et d'équité pour l'entreprise. Ces investissements, d'une durée de 15 ans sans aucun remboursement de capital, débuteront à 50 000 $ et pourront atteindre 1,5 million. De plus, la

Fiducie du Chantier de l'économie sociale sera tournée résolument vers le marché des capitaux afin de canaliser les investissements privés en faveur des entreprises d'économie sociale.

Le Comité sectoriel de main-d'œuvre de l'économie sociale et de l'action communautaire

Le CSMO-ESAC, créé en 1997, a pour mission de favoriser la concertation et le partenariat afin de résoudre les problèmes liés au recrutement, à la formation et à la rétention de la main-d'œuvre du secteur. Il vise à assurer une connaissance approfondie du marché du travail et l'élaboration de stratégies de formation continue en économie sociale et en action communautaire. Il cherche aussi à fournir des réponses aux problèmes relatifs à la gestion des ressources humaines et à l'organisation du travail dans les entreprises de ce secteur. Son conseil d'administration est composé de représentants de regroupements nationaux en économie sociale et en action communautaire et de représentants de centrales syndicales.

L'Alliance de recherche universités-communautés en économie sociale

L'Alliance de recherche universités-communautés en économie sociale (ARUC-ÉS), fondée en 2000, rassemble des chercheurs et des acteurs de l'économie sociale qui travaillent en partenariat dans le but de faire avancer la recherche sur le secteur, dans une optique de partage des connaissances et de production de savoirs utiles pour le développement des collectivités. Elle est constituée de chercheurs provenant de quatre universités, de six partenaires terrain principaux et d'une vingtaine de partenaires sectoriels, autour desquels gravitent une trentaine d'autres organisations associées à l'un ou l'autre volet des travaux. Les projets, activités et membres de l'ARUC-ÉS sont regroupés en neuf chantiers d'activités partenariales (CAP). Chacun de ces CAP, de même que chaque élément de la structure de l'ARUC, est cogéré par un chercheur et un acteur de terrain.

Le Réseau québécois de recherche partenariale en économie sociale

Le Réseau québécois de recherche partenariale en économie sociale (RQRP-ÉS), créé en 2005, est un centre de recherche regroupant des équipes de recherche partenariale dans huit régions du Québec et développant la recherche sur une base régionale. Chacun des huit groupes de travail est formé d'une équipe regroupant des chercheurs et des représentants d'entreprises ou d'organisations de l'économie sociale (http://www.aruc-es.ca/). Tout comme l'ARUC-ÉS, le RQRP-ÉS est financé par le Conseil de recherche en sciences humaines du Canada. Il fait partie d'un réseau de six centres canadiens de recherche en économie sociale, lesquels sont regroupés autour du Centre canadien d'économie sociale (http://www.socialeconomynetwork.ca/hub/).

LES LIENS AVEC L'INTERNATIONAL

L'économie sociale et solidaire n'est pas une réalité propre au Québec ou au Canada. Au contraire, elle s'impose de plus en plus comme une stratégie de développement un peu partout sur la planète. Elle porte différents noms (économie sociale, économie solidaire, économie populaire), mais renvoie à une même volonté de prise en charge et de participation collective au développement. Dans plusieurs pays, elle est portée par des réseaux d'acteurs de développement local, par des ONG et par des mouvements sociaux divers et elle est reconnue par les pouvoirs publics. Dans d'autres pays, sa présence est indéniable mais il n'y a pas encore de vocabulaire commun ni de réseaux formés pour permettre sa consolidation et son développement.

Les acteurs de l'économie sociale, même s'ils ne se nomment pas tous ainsi, se reconnaissent et tissent des liens entre eux. C'est ainsi qu'on assiste à une présence accrue des activités portant sur l'économie sociale et solidaire au Forum social mondial. De même, les trois Rencontres internationales sur la globalisation de la solidarité qui se sont tenues à Lima en 1997, à Québec en 2001 et à Dakar en 2005 ont réuni un nombre croissant de participants (1 200 participants provenant de 66 pays à Dakar). Il s'agit de rencontres consacrées spécifiquement à l'économie sociale et solidaire.

Les contacts internationaux favorisent les échanges d'expertise et les échanges d'outils d'analyse comme l'ont fait les acteurs de la finance solidaire du Québec, de la France et du Brésil. De même, ils peuvent conduire au développement de relations d'affaires et de partenariat comme cela se fait entre des ressourceries, des entreprises d'insertion, des CPE, etc. Enfin, les liens internationaux ont conduit à une reconnaissance de l'expertise québécoise en matière de concertation et de coproduction de politiques publiques, de sorte que les acteurs québécois du milieu sont

souvent appelés à intervenir sur des tribunes internationales.

UNE COMPOSANTE DU MODÈLE QUÉBÉCOIS

Lévesque (2003b) voit dans l'économie sociale une composante d'un modèle québécois de deuxième génération.
Alors que le modèle québécois de première génération naît
avec la Révolution tranquille, autour de la figure centrale
d'un État entrepreneur, régulateur et redistributeur, celui de
deuxième génération émerge dans le contexte de l'ébran-
lement du modèle fordiste et providentialiste, autour de
l'État accompagnateur et de nouvelles configurations entre
marché, État et société civile. Ce nouveau modèle comporte
un certain nombre de traits stylisés : fort taux de syndicalisation et vigueur des mouvements sociaux ; instances
nationales, régionales, locales et sectorielles de concertation
auxquelles sont associés les élus, les représentants du patronat, des syndicats et des autres mouvements sociaux ; expérimentation de nouvelles formes d'organisation du travail et
de démocratie en entreprise ; et forte croissance des initiatives de l'économie sociale, reconnues et soutenues institu-
tionnellement. Par ailleurs, ce modèle a récemment été
fragilisé avec l'avènement d'un gouvernement d'orientation
néolibérale dont les politiques consacrent la primauté du
secteur privé sur le développement économique et
redonnent aux seuls élus les rênes du pouvoir politique,
marginalisant les acteurs collectifs issus de la société civile
(Bouchard, Lévesque et St-Pierre, 2005).

Dans ce contexte, la question n'est pas de savoir si
l'économie sociale est menacée de disparition (elle ne l'est

pas, bien que son développement soit soumis à des avancées et à des reculs), mais de savoir dans quel modèle de développement elle s'inscrira. Comme l'ont fait valoir plusieurs auteurs, notamment Vaillancourt, Mendell et Lévesque au Québec et Laville en France, l'économie sociale n'est pas en elle-même un modèle de développement, mais elle prend son sens à travers son enracinement dans un modèle de développement. En fait, l'économie sociale peut prendre des significations différentes, voire opposées, selon le modèle de développement dans lequel elle est encastrée. Dans les sociétés où le modèle néolibéral est bien implanté, l'économie sociale tend à se développer comme une économie de sous-traitance coupée de l'économie dominante, destinée à soulager la misère des victimes de ces politiques néolibérales. Dans les sociétés où l'État est très présent, comme ce fut le cas dans la plupart des pays occidentaux pendant la période fordiste, l'économie sociale est marginalisée et soumise à la tutelle de l'État, qui détient en quelque sorte le monopole de la solidarité. Dans le modèle de la démocratie économique et sociale (ou modèle solidaire), l'économie sociale contribue au développement d'une économie plurielle qui repose sur l'hybridation des ressources du marché, de l'État et de la réciprocité. Il s'inscrit aussi dans une démocratie plurielle.

Dans cette perspective, Lévesque (1997) envisage l'économie sociale plurielle et solidaire comme une composante parmi cinq d'un scénario économique axé sur la solidarité, les quatre autres étant respectivement :

- un nouveau système de régulation à l'échelle mondiale et à l'échelle nationale, une sorte de contrat social à l'échelle mondiale comme l'a proposé le Groupe de Lisbonne ;

- la modernisation du système productif, reposant notamment sur l'implication des travailleuses et des travailleurs et sur l'élaboration d'une démocratie industrielle ;

- un refaçonnage du système des services collectifs et de la protection sociale, dans le sens d'une double démocratisation (démocratisation des rapports de travail et démocratisation des rapports aux usagers) ;

- une politique de partage du travail et de la pluri-activité, c'est-à-dire d'une part partager entre tous les citoyens les avantages et les rôles que procure le travail salarié et d'autre part reconnaître la valeur des autres formes de participation à la vie sociale.

Au Québec, en dépit de la volonté des acteurs de travailler à l'édification d'une économie sociale selon le modèle solidaire (dans le cadre d'une économie et d'une démocratie plurielles), les défis demeurent nombreux. Le prochain chapitre en cerne quelques-uns.

Chapitre 5
Les défis et les enjeux[1]

Les enjeux auxquels fait face le secteur québécois de l'économie sociale peuvent être saisis à trois niveaux : le niveau organisationnel, le niveau institutionnel et le niveau du modèle de développement. Sans prétendre à l'exhaustivité, les pages qui suivent proposent une lecture des défis qui demeurent, 10 ans après le Sommet sur l'économie et l'emploi, qui a consacré la reconnaissance officielle de l'économie sociale comme acteur pertinent dans les débats concernant le développement de la société québécoise.

QUELQUES DÉFIS ET ENJEUX ORGANISATIONNELS

En préparation du Sommet de l'économie sociale et solidaire de novembre 2006, six comités composés d'acteurs issus de divers réseaux d'économie sociale ont dressé un bilan et fait état des défis et enjeux qui se posent au secteur, sur autant de thématiques : entreprendre solidairement, développer les territoires solidairement, travailler solidairement, investir

---

1. Ce chapitre a bénéficié des apports de Jean-Marc Fontan, Marguerite Mendell et Marie J. Bouchard, ainsi que des travaux des comités Travailler solidairement et Investir solidairement.

solidairement, consommer de façon responsable, mondialiser solidairement. Certains de ces défis concernent l'organisation des entreprises/organismes ou du secteur, alors que d'autres concernent les institutions soutenant leur développement, notamment l'encadrement juridique et les modalités de financement.

Un premier défi organisationnel concerne l'amélioration des conditions de travail. Les travailleurs, qui sont majoritairement des femmes, dans les entreprises d'économie sociale et les groupes d'action communautaire autonome sont satisfaits de leur travail mais insatisfaits de leurs conditions d'emploi. En effet, en dépit de la forte scolarisation de sa main-d'œuvre et mis à part quelques sous-secteurs (coopératives agricoles et financières, CPE), le secteur offre des conditions peu enviables : forte proportion d'emplois temporaires et à temps partiel, surcharge de travail non rémunéré, accès très limité aux avantages sociaux, faible rémunération sur une base horaire et surtout sur une base annuelle, faible taux de syndicalisation, le tout expliqué en partie par un financement insuffisant. On peut même craindre que le niveau élevé de satisfaction au travail (sentiment d'utilité, autonomie) ne suffise pas à retenir la main-d'œuvre, surtout dans le contexte du vieillissement de la population et de la concurrence exercée par le secteur public.

Dans certains organismes et entreprises d'économie sociale, l'organisation du travail permet un enrichissement des tâches et une qualification de la main-d'œuvre, mais ce n'est pas le cas partout. Le comité Travailler solidairement a identifié un enjeu de formation et de qualification de la main-d'œuvre, deux dimensions associées tant à la qualité des emplois et à l'*empowerment* des travailleurs et travailleuses qu'à la qualité des services. Il fait également état de la nécessité d'améliorer les compétences des gestionnaires et des administrateurs. L'économie sociale compte en effet peu de gestionnaires formés et cette lacune est amplifiée par le fait que les entreprises et organismes sont en général de petite taille, doivent accomplir une multiplicité de tâches avec un petit nombre d'employés et disposent d'une marge de manœuvre financière restreinte. Il faut aussi tenir compte du fait que le secteur de l'économie sociale intègre proportionnellement beaucoup plus de personnes exclues ou éloignées du marché du travail que les secteurs public et privé à but lucratif, ce qui pose des défis de gestion particuliers.

En second lieu, et même si les outils pour ce faire se sont multipliés de façon remarquable depuis 1996, le défi d'assurer le financement des entreprises et organismes d'économie sociale demeure crucial. Un des principaux défis concerne la possibilité pour ces entreprises de diversifier leurs sources de financement, incluant celles de provenance traditionnelle que sont les dons, subventions et programmes étatiques, les prêts et garanties de prêts, mais aussi des instruments d'équité ou de quasi-équité[2]. Sans aucun doute, la création de la Fiducie du Chantier de l'économie sociale en 2006 constitue une avancée en ce sens. Cette fiducie offrira la possibilité d'assurer une meilleure capitalisation de ces entreprises, par le biais de partenariats avec les fonds de

---

2. La quasi-équité (ou capital patient) est un instrument destiné à jouer le même rôle que l'équité, c'est-à-dire de permettre un apport substantiel de capitaux sur le long terme.

travailleurs (Fonds de solidarité et FondAction) et les deux paliers de gouvernement. Le comité Investir solidairement a cerné plusieurs défis additionnels : défi du réseautage, le réseautage informel qui existe parmi les acteurs de la finance solidaire, fondé sur la confiance et des valeurs communes, pouvant servir de base à un réseautage plus formel donnant lieu à une plus grande présence au sein du marché financier ; défi de sensibiliser les fonds institutionnels, tels les fonds de retraite et d'assurances, à la performance de l'économie sociale et de les amener, par la suite, à y investir ; et défi de travailler avec les deux paliers de gouvernement pour développer des politiques publiques qui correspondent aux besoins de l'économie sociale. Sur ce dernier point, le défi de la finance solidaire ne réside pas seulement dans la constitution de fonds, mais également dans la transformation des critères y donnant accès. Il y aurait lieu par exemple de modifier des règles de comptabilité, qui pourraient mieux saisir les spécificités de l'économie sociale que sont la durabilité des actifs (inaliénables) ou la performance économique des activités (même si une partie des excédents est redistribuée ou réinvestie). Le bilan comptable n'est d'ailleurs pas la seule manière de faire état de la performance de l'économie sociale, dont les activités pourraient être mieux évaluées, en tenant compte par exemple des actifs humains et du capital social qui leur sont inhérents.

Tout comme les entreprises et les organisations, les réseaux d'économie sociale se sont multipliés ces dernières années, avec ce que cela signifie en ce qui concerne la visibilité et la coalition des forces, mais aussi le risque de cacophonie. Le défi de fédérer ces réseaux autour de chartes communes et de grands principes, dans la reconnaissance et le respect de leur spécificité, demeure à l'ordre du jour. Il concerne tant le réseautage vertical — entre les niveaux local, régional, national et international — que le réseautage horizontal — entre les divers secteurs et les grandes mouvances qui constituent l'économie sociale.

Un quatrième défi organisationnel concerne la création d'outils permettant une meilleure connaissance des entreprises et organismes du secteur, notamment la collecte de données permettant la comparaison intersectorielle, interrégionale et avec les entreprises des secteurs privé et public. En corollaire de ce qui précède, il y aurait lieu d'assurer la création d'un lieu de recherche permanent, de haut niveau, capable d'alimenter en données et en analyses tant les décideurs publics que les acteurs de l'économie sociale.

QUELQUES DÉFIS ET ENJEUX INSTITUTIONNELS

Si on veut éviter qu'elles soient cantonnées dans l'expérimentation et la marginalisation, ou si on veut faire en sorte qu'elles contribuent à la reconfiguration de l'État et au renouvellement de la social-démocratie, il importe de favoriser la diffusion des initiatives d'économie sociale à l'échelle de la société. Or, il n'y a pas de diffusion large possible sans le soutien d'institutions: lois, règlements, mesures, programmes, instances de partenariat, etc. Un défi récurrent réside dans la construction de politiques publiques adaptées aux réalités de l'économie sociale. Dans les années 1990, le Québec a innové à ce chapitre, notamment en associant les acteurs à l'élaboration des politiques publiques[3] et en

---

3. Ce qui a amené certains auteurs, notamment Lévesque et Mendell, à parler de «coconstruction» des politiques publiques.

finançant des instances intermédiaires soutenant le développement des entreprises et organismes d'économie sociale. Ces innovations sont néanmoins perfectibles et nécessitent consolidation.

Pour Lévesque et Mendell, le soutien de l'État aux entreprises et organismes de l'économie sociale doit être plus important que celui dévolu aux entreprises capitalistes pour au moins deux raisons: «D'abord, ces initiatives répondent à des besoins essentiels non satisfaits autrement; ensuite, les règles de ces organisations interdisent l'appropriation privée de ce soutien» (1999 : 22). Nous pourrions ajouter: parce qu'elles poursuivent des objectifs d'intérêt général et contribuent à l'inclusion de travailleurs souvent exclus ou éloignés du marché du travail. Ce soutien financier en provenance de l'État doit être pérenne car une exigence de rentabilité à court terme, surtout si les travailleurs de l'entreprise sont en situation de réinsertion dans le marché du travail, risque de se traduire soit par une pression accrue sur les salaires et les conditions de travail, soit par une relative marginalisation des objectifs sociaux portés par l'entreprise, comme l'accessibilité des services ou la qualité de la vie démocratique. Notamment, sans financement stable et régulier permettant une prévisibilité des revenus et des dépenses, il serait illusoire de penser que l'économie sociale pourra créer des emplois stables et décents.

Par ailleurs, ce soutien peut prendre des formes diverses: politiques d'approvisionnement préférentielles favorisant les produits équitables et ceux issus de l'économie sociale; politiques fiscales encourageant l'investissement privé dans les organismes et entreprises de l'économie sociale; politiques territoriales, sectorielles et en faveur de populations marginalisées (femmes, jeunes, personnes handicapées, autochtones et immigrants). Ce soutien direct ou indirect ne doit pas pour autant signifier l'instrumentalisation de l'économie sociale par les pouvoirs publics, sous forme de sous-traitance pour la dispensation de services publics ou pour le traitement social du chômage. La contribution de l'économie sociale peut, bien sûr, inclure la dispensation de services ou l'insertion sociale et professionnelle de populations marginalisées, mais sa véritable valeur ajoutée réside dans la démocratie, l'inclusion de l'usager dans la livraison du bien ou du service, etc. Ces politiques publiques adaptées sont souhaitées non seulement à l'échelle nationale, mais également à celle des institutions internationales (BIT, OCDE), qui pour le moment n'ont guère de programmes favorisant le développement d'initiatives apparentées à l'économie sociale et dont l'ordre du jour reste tout entier dicté par le soutien à l'économie de marché.

Finalement, il y a lieu de demeurer vigilant quant aux transformations des règles juridiques susceptibles de modifier la nature égalitaire et démocratique des entreprises d'économie sociale. On en a vu un exemple dans les débats entourant les modifications permettant aux coopératives d'octroyer un pouvoir décisionnel à des investisseurs non membres ou dans ceux suscités par un projet de réforme du cadre juridique balisant le développement des associations, qui incluait des propositions susceptibles de permettre la fondation d'un OBNL par une seule personne physique ou morale (pouvant, dans ce dernier cas, être à but lucratif), le partage des actifs nets lors de la dissolution ou la possibilité de transformer un OBNL en société à but lucratif. De l'avis

de plusieurs, ces hypothèses, si elles en venaient à se concré-
tiser, ouvriraient la porte à une hybridation de la forme
OBNL et de la corporation à but lucratif.

Un deuxième défi institutionnel réside précisément
dans l'approfondissement de la démocratie, tant au sein des
entreprises et des organismes d'économie sociale que dans
la gouvernance économique et sociale.

En ce qui concerne le premier aspect, les recherches
disponibles nous permettent de croire qu'à travers des tensions entre les missions économique et sociale, le potentiel
démocratique des entreprises et organismes de l'économie
sociale (inclusion des travailleurs, des usagers et des communautés) n'est pas complètement actualisé. Ainsi, les
travaux des chercheurs ont révélé que si les employés, individuellement ou à titre de membres d'une équipe, exercent
un fort contrôle sur leur travail, la participation formelle
aux décisions concernant les finalités ou la gestion de l'organisme ou de l'entreprise est en deçà de ce que l'idéal démocratique commanderait. Les recherches disponibles révèlent
également que les politiques publiques contribuant à
structurer la demande de services de même que la présence
d'un syndicat sont deux éléments associés à la bonification
des conditions de travail et à la participation des travailleurs
à l'entreprise. Concernant le second aspect, on ne peut que
déplorer que les acteurs de l'économie sociale ne soient plus
associés, depuis les années 2000, que de manière optionnelle
aux différentes instances de concertation locales et
régionales.

Du fait que les entreprises et organismes de l'économie
sociale reçoivent une part de fonds publics, mais aussi, plus
largement, en raison des valeurs qu'elles promeuvent et des

règles qui balisent leur fonctionnement, l'enjeu de l'évaluation se pose de façon particulière tant pour leurs acteurs que pour les pouvoirs publics. Ce défi consiste à faire en sorte que l'évaluation des entreprises et organisations de l'économie sociale prenne en compte l'atteinte des objectifs sociaux autant que celle des objectifs économiques. La création d'emplois de qualité doit être considérée, mais aussi la réponse à des besoins non comblés par le marché ou par l'État, la démocratisation des milieux de travail, l'*empowerment* des communautés ou encore la place faite aux femmes. Des chercheurs ont également suggéré de procéder à des évaluations d'autres types d'entreprises (notamment celles du secteur privé) à partir d'indicateurs sociaux (Fraisse, 2000, cité dans Bouchard, 2004). Bouchard prône pour sa part une évaluation participative, négociée et multicritères, portant sur trois dimensions : organisationnelle (indicateurs de performance économique et sociale), utilité sociale (réduction d'externalités négatives, production d'externalités positives) et institutionnelle (contribution à l'intérêt général et au modèle de développement).

QUELQUES DÉFIS ET ENJEUX LIÉS AU MODÈLE DE DÉVELOPPEMENT

Dans un texte publié en 1996, Patrice Sauvage soulignait que l'économie sociale est menacée par trois dangers, celui du réductionnisme, celui de la ghettoïsation et celui de la marchandisation. La tendance au réductionnisme consisterait, notamment pour l'État, à tolérer l'expérimentation pendant un certain temps, puis à faire pression sur les expériences les plus réussies pour qu'elles s'intègrent à l'un des deux modèles dominants: économie marchande (secteur privé capitaliste) ou économie non marchande (secteur public). La tendance à la ghettoïsation ferait de l'économie sociale une économie pour les pauvres, un bassin d'emplois à rabais, servant de paravent à la privatisation de services publics. La tendance à la marchandisation consisterait en un élargissement sans limites de la dimension marchande; dans ce scénario, toutes les relations d'entraide et d'échange dans la famille ou le quartier sont réduites à des transactions commerciales.

Il serait périlleux d'affirmer que l'économie sociale québécoise s'est affranchie de ces trois dangers. Les conditions de son développement apparaissent sans doute plus favorables qu'auparavant, mais, à l'heure actuelle, comme le font valoir Lévesque et Mendell (1999 : 9), l'enjeu principal porte moins sur la reconnaissance de l'importance de l'économie sociale que sur le choix d'un modèle de développement pour les années à venir. Du point de vue de ce modèle, et donc de la place et du rôle de sa composante économie sociale, rien n'est encore acquis. D'un côté, l'État utilise l'économie sociale pour créer des emplois, réduire son déficit et mettre en œuvre ses politiques économiques et sociales. De l'autre, les organisations de l'économie sociale cherchent à se développer dans leurs dimensions tant sociale qu'économique et à diffuser leurs acquis à l'échelle de la société, y compris en les exportant au sein des secteurs public et privé à but lucratif. Selon Lévesque, «nous sommes donc en présence de compromis qui sont encore loin de définir clairement les contours d'un modèle de développement qui permettrait à l'économie sociale de s'épanouir dans le sens d'une démocratisation de la production et des services collectifs» (Lévesque, 1997, cité dans Lévesque et Mendell, 1999 : 22).

De façon plus générale, les acteurs de l'économie sociale sont confrontés aux tensions associées à toute période de croissance. Ils doivent à la fois travailler aux grands idéaux et soutenir leurs activités au quotidien; consolider et étendre leurs initiatives à de nouveaux secteurs et à de nouveaux groupes sociaux (jeunes, communautés culturelles); et contribuer à institutionnaliser les acquis des dernières années, notamment les innovations financières et les processus de coproduction des connaissances et des politiques publiques, ainsi que le dialogue politique qui les rend possibles, tout en acceptant de se remettre périodiquement en question et de faire la preuve de leur contribution à l'intérêt général plutôt qu'à la seule addition d'intérêts collectifs. Selon Fontan, le saut qualitatif qui reste à faire réside dans le passage d'une économie plurielle à une économie solidaire, laquelle suppose, outre la viabilité économique, une contribution substantielle à la réduction des inégalités sociales et au développement durable, ainsi que le respect de la diversité culturelle. L'économie sociale peut doublement apporter à la construction de cette économie solidaire : en se transformant de l'intérieur pour améliorer sa performance économique, sociale, environnementale et culturelle et en influençant en ce sens les composantes marchande et publique de l'économie.

Note sur l'auteure

Martine D'Amours est sociologue et professeure à l'Université Laval. Elle est codirectrice du Groupe de recherche sur les transformations du travail, des âges et des politiques sociales (TRANSPOL) et membre active du Centre de recherche sur les innovations sociales (CRISES), ainsi que de l'ARUC en économie sociale. Ses principaux intérêts de recherche et d'enseignement concernent les transformations du travail, notamment le développement des formes d'emploi atypiques et leurs liens avec les politiques sociales; les liens entre travail et vieillissement; les mouvements sociaux; l'économie sociale et le développement économique communautaire.

Note sur l'ARUC-ÉS et le RQRP-ÉS

L'ÉCONOMIE SOCIALE est de plus en plus reconnue comme outil de développement social, culturel, politique et économique dans les communautés québécoises et canadiennes. L'Alliance de recherche universités-communautés en économie sociale (ARUC-ÉS) et le Réseau québécois de recherche partenariale en économie sociale (RQRP-ÉS) contribuent à cette reconnaissance depuis leur création, respectivement en 2000 et en 2005. De quelle façon ? En coordonnant des travaux de recherche et des activités de formation, de diffusion et de partage de connaissances en économie sociale.

· · · · · · · · · · · · · · · ·

L'ARUC-ÉS EST LE PREMIER CENTRE DE RECHERCHE INTERUNIVERSITAIRE QUÉBÉCOIS ENTIÈREMENT DÉDIÉ À LA RECHERCHE PARTENARIALE EN ÉCONOMIE SOCIALE.

· · · · · · · · · · · · · · · ·

De 2000 à 2006, plus d'une centaine de recherches ont été réalisées. Elles ont donné lieu à la publication de cahiers de recherche et à l'organisation de séminaires, d'ateliers et de colloques. Ces activités ont été réalisées par plus de 160 chercheurs et partenaires œuvrant en économie sociale. Ceux-ci proviennent d'universités, de centres de recherche ainsi que de différentes entreprises collectives et de divers organismes à but non lucratif majoritairement basés au Québec, mais aussi dans le reste du Canada et dans plusieurs autres pays dont l'Angleterre, la Belgique, le Brésil, la France et le Venezuela.

• • • • • • • • • • • • •

LE RQRP-ÉS EST L'UN DES SIX CENTRES CANADIENS DÉDIÉS À LA RECHERCHE PARTENARIALE EN ÉCONOMIE SOCIALE.

• • • • • • • • • • • • •

La concertation est au cœur des activités de ces deux centres de recherche partenariale qui partagent les mêmes objectifs.

L'ARUC-ÉS ET LE RQRP-ÉS : QUELS OBJECTIFS ?

· Animer la recherche en économie sociale et produire des savoirs qui seront utiles au développement des collectivités en coordonnant des réseaux de chercheurs et de praticiens ;

· Favoriser et soutenir la formation en économie sociale en intégrant des étudiants dans les activités partenariales ;

· Diffuser des résultats de recherche en publiant divers documents et en organisant des événements qui structurent les échanges entre chercheurs et praticiens ;

· Promouvoir le partage des connaissances entre les universités et les communautés et l'utilisation des résultats de recherche dans le milieu de l'économie sociale.

UN MÊME OBJET DE RECHERCHE : L'ÉCONOMIE SOCIALE

L'expression *économie sociale* réfère à un mouvement plus que centenaire qui connaît un nouvel essor depuis les années 1980, tant au Canada et au Québec qu'ailleurs dans le monde. Comme son nom l'indique, ce mouvement poursuit des objectifs à la fois économiques et sociaux : économiques parce qu'il regroupe des entreprises et des organisations produisant des biens et des services et sociaux parce que la recherche de profits y est subordonnée à la promotion de valeurs telles que la démocratie, la solidarité, l'amélioration de la qualité de vie ou le développement durable.

· · · · · · · · · · · · · · · · · · ·

SAVIEZ-VOUS QUE...
LES CENTRES DE LA PETITE ENFANCE (CPE),
LES COOPÉRATIVES D'HABITATION,
LES RESSOURCERIES OU ENCORE
LES JOURNÉES DE LA CULTURE FONT PARTIE
DE L'ÉCONOMIE SOCIALE ?

· · · · · · · · · · · · · · · · · · ·

Au Québec, en 2001, le secteur de l'économie sociale comptait plus de 7 000 entreprises et organisations dans lesquelles travaillaient quelque 124 300 personnes, pour un chiffre d'affaires totalisant 17,2 milliards de dollars. L'économie sociale occupe aujourd'hui une place importante dans l'économie québécoise, aux côtés des secteurs public et privé.

Dans la foulée du Sommet sur l'économie et l'emploi tenu à Montréal en 1996, le mouvement de l'économie sociale au Québec s'est doté de trois structures d'intervention pour appuyer son développement : le Chantier de l'économie sociale, pour la dimension politique ; le Comité sectoriel de main-d'œuvre en économie sociale et en action communautaire (CSMO-ÉSAC), pour la formation de la main-d'œuvre ; et le Réseau d'investissement social du Québec (RISQ), pour le financement. L'ARUC-ÉS et le RQRP-ÉS constituent de nouvelles organisations qui répondent aux besoins de recherche et de développement de l'économie sociale.

UNE MÊME APPROCHE : LE PARTENARIAT UNIVERSITÉS-COMMUNAUTÉS

Les travaux de l'ARUC-ÉS et du RQRP-ÉS s'appuient sur une tradition qui remonte à la fondation de l'Université du Québec à Montréal en 1969 : la recherche partenariale. Cette approche consiste essentiellement à associer chercheurs et partenaires du milieu à toutes les étapes de la recherche. Elle implique notamment de combiner leurs savoirs et leurs méthodes de manière à penser des projets de recherche pertinents autant pour le milieu universitaire que pour la communauté, et ce en assurant un échange de connaissances de part et d'autre.

Cette approche est spécifique à l'ARUC-ÉS et au RQRP-ÉS dans le secteur de la recherche en économie sociale au Québec.

· · · · · · · · · · · · · · · · · · ·

L'ARUC-ÉS ET le RQRP-ÉS SONT LES SEULS
CENTRES QUÉBÉCOIS DE RECHERCHE
EN ÉCONOMIE SOCIALE QUI FONCTIONNENT
SELON LE PRINCIPE DU PARTENARIAT
UNIVERSITÉS-COMMUNAUTÉS.

· · · · · · · · · · · · · · · · · · ·

L'organisation même de l'ARUC-ÉS et du RQRP-ÉS témoigne de cette volonté de rapprocher les milieux de la recherche et de l'action. Les deux centres sont codirigés par Jean-Marc Fontan, professeur au Département de sociologie de l'UQAM, et Nancy Neamtan, présidente-directrice générale du Chantier de l'économie sociale. Les équipes de travail sont également sous la responsabilité d'un représentant du milieu universitaire et d'un représentant du milieu de l'économie sociale. On trouve cette même collaboration dans les instances liées à la gouvernance (équipe de direction, comités de coordination, chantiers d'activités partenariales [CAP], groupes régionaux d'activités partenariales [GRAP], etc.).

L'ARUC-ÉS ET LE RQRP-ÉS :
DEUX STRUCTURES COMPLÉMENTAIRES

Si l'ARUC-ÉS et le RQRP-ÉS partagent un même objet d'étude et une même approche de recherche, ces centres se distinguent toutefois par le champ d'action de leurs équipes de travail respectives. Les équipes de l'ARUC-ÉS répondent aux préoccupations qui émergent des divers secteurs de l'économie sociale (habitation, développement, finance, loisir, services aux personnes) alors que chaque équipe du RQRP-ÉS répond aux préoccupations portées par des acteurs d'une région spécifique.

LES 5 CHANTIERS D'ACTIVITÉS PARTENARIALES (CAP) DE L'ARUC-ÉS :
- **SERVICES AUX PERSONNES**
- **HABITAT COMMUNAUTAIRE**
- **LOISIR ET TOURISME SOCIAL**
- **FINANCE RESPONSABLE**
- **DÉVELOPPEMENT LOCAL ET RÉGIONAL**

L'ARUC-ÉS coordonne cinq chantiers d'activités partenariales (CAP) qui sont spécialisés dans autant de secteurs d'intervention : les services aux personnes ; l'habitat communautaire ; le loisir et le tourisme social ; le financement responsable ; le développement local et régional.

Au printemps 2006, plus d'une cinquantaine de projets de recherche* étaient en cours de réalisation dans les CAP. Voici quelques exemples de projets illustrant la variété des questions abordées dans les différents secteurs :

- Portrait du mouvement coopératif d'habitation au Québec
- Les facteurs d'accessibilité aux loisirs
- La place de l'économie sociale dans la reconversion de l'industrie du vêtement : la piste du développement de nouvelles compétences de la main-d'œuvre
- Les pratiques de commercialisation des entreprises d'économie sociale
- Les fusions d'établissements en santé et services sociaux : quel avenir pour le mandat et la mission CLSC ?

Les résultats de recherche sont publiés sous forme de cahiers qui s'ajoutent à la série des *Cahiers de recherche partenariale en économie sociale*. Ils sont également présentés dans le cadre de séminaires et de colloques.

LES 8 GROUPES RÉGIONAUX D'ACTIVITÉS PARTENARIALES (GRAP) DU RQRP-ÉS :
- **ABITIBI-TÉMISCAMINGUE** • **OUTAOUAIS**
- **ESTRIE** • **MONTRÉAL** • **MAURICIE**
- **QUÉBEC/CHAUDIÈRE-APPALACHES**
- **SAGUENAY/LAC-SAINT-JEAN**
- **BAS-SAINT-LAURENT**

Le RQRP-ÉS, pour sa part, est constitué de huit groupes régionaux d'activités partenariales (GRAP) implantés dans les régions québécoises où l'on trouve une institution universitaire, soit l'Abitibi-Témiscamingue, l'Outaouais, l'Estrie, Montréal, la Mauricie, Québec/Chaudière-Appalaches, le Saguenay/Lac-Saint-Jean et le Bas-Saint-Laurent. Associant le pôle régional d'économie sociale et l'université de la région, les GRAP structurent leur programme de recherche en fonction des besoins de recherche en économie sociale identifiés sur leur territoire.

Au printemps 2006, le RQRP-ÉS coordonnait plus d'une vingtaine de projets de recherche*. Les exemples qui suivent ne sont qu'un aperçu des sujets retenus dans cinq des huit régions couvertes par les GRAP :

- La contribution de l'économie sociale au développement des milieux ruraux : le cas du Bas-Saint-Laurent
- L'arrimage des politiques de soutien au revenu et du développement de la main-d'œuvre à Montréal
- Les conditions d'émergence des entreprises d'économie sociale au Saguenay/Lac-Saint-Jean
- Un portrait de l'économie sociale en Mauricie
- Inventaire, retombées et contribution des jardins collectifs à l'économie régionale dans les régions de Québec/Chaudière-Appalaches

---

* La liste complète des projets de recherche, des publications et des autres activités de l'ARUC-ÉS et du RQRP-ÉS est disponible dans notre site Web : www.aruc-es.uqam.ca

LES ACTIVITÉS PARTENARIALES EN ÉCONOMIE SOCIALE : UNE PRATIQUE À CULTIVER

L'ARUC-ÉS et le RQRP-ÉS sont subventionnés et comptent sur l'appui du Conseil de recherche en sciences humaines du Canada (CRSH) et de leurs nombreux partenaires pour accomplir leur mission. Maintenant que les partenariats universités-communautés sont bien établis, que les recherches vont bon train et que leur diffusion est assurée, l'Alliance et le Réseau s'emploieront d'ici 2009 à dynamiser encore davantage le partage de connaissances afin de favoriser l'utilisation des résultats de recherche dans les pratiques en économie sociale et dans la définition des politiques publiques. À ce chapitre, la collaboration continue entre chercheurs et praticiens de l'économie sociale constitue un atout précieux pour l'ARUC-ÉS et le RQRP-ÉS.

NOS COORDONNÉES :

Adresse postale :
UQAM
C.P. 8888, succ. Centre-ville
Montréal (Québec) H3C 3P8

Adresse civique :
1290, rue Saint-Denis, 10e étage,
Montréal (Québec) H2X 3J7
Téléphone :   514 987-3000, poste 2574
Télécopieur :   514 987-6913
Site Web :   www.aruc-es.uqam.ca

LES PRINCIPALES ORGANISATIONS PARTENAIRES AU SEIN DU RQRP-ÉS ET DE L'ARUC-ÉS

- Association des groupes de ressources techniques du Québec
- Chantier de l'économie sociale
- Comité sectoriel de la main-d'œuvre en économie sociale et en action communautaire (CSMO-ÉSAC)
- Confédération des syndicats nationaux (CSN)
- Conseil québécois du loisir
- Fédération des travailleurs et travailleuses du Québec (FTQ)
- Fondation de la CSN
- Fonds de solidarité de la FTQ
- Pôles régionaux d'économie sociale
- Réseau d'investissement social du Québec (RISQ)
- Université Concordia
- Université de Sherbrooke
- Université du Québec à Chicoutimi (UQAC)
- Université du Québec à Montréal (UQAM)
- Université du Québec à Rimouski (UQAR)
- Université du Québec à Trois-Rivières (UQTR)
- Université du Québec en Abitibi-Témiscaminque (UQAT)
- Université du Québec en Outaouais (UQO)
- Université Laval

Annexe 1

Historique des traditions théoriques de l'économie sociale

1. PROJET ALTERNATIF

Contexte : Origine et contestation du capitalisme

Matrice originale du projet (XVIe-XIXe siècle) : association humaine pour la possession, l'usage et l'usufruit des ressources

- Thomas More : l'Utopie

- Les utopistes du XIXe siècle : Owen, Fourier, Saint Simon, Proudhon

- Premières expérimentations :

  - Coopératives de travail (1831) France
  - Coopératives de consommation (1844) Angleterre
  - Caisses rurales de crédit (1864) Allemagne

2. CONTESTATION/ADAPTATION

Contexte : Triomphe du capitalisme, répression des mouvements sociaux

Après 1848, en France :

- Tradition socialiste : Pecqueur, Mauss, Jaurès

- Tradition chrétienne : Le Play, Gide

- Caractéristiques de l'économie sociale :

  - Croissance du mouvement coopératif et mutualiste

3. RENOUVEAU

Contexte : Crise du système capitaliste, nouveaux mouvements sociaux

- Henri Desroche, Claude Vienney, Jacques Defourny, Jean-Louis Laville
- Au Québec, Benoît Lévesque et autres
- Caractéristiques de l'économie sociale :
  - Transformations dans les coopératives
  - Nouvelles entreprises et associations
  - Nouveaux acteurs : femmes, jeunes, etc.

Source : D'Amours (1997)

Annexe 2

Principales phases de développement de l'économie sociale au Québec

	Forme de l'État*	Composantes de l'économie sociale**	Caractéristiques
1re moitié XIXe siècle	libéral (classique)	– sociétés d'entraide – mutuelles	– politique sociale sans l'État, préfigurent la société assurantielle
fin XIXe-début XXe siècle	libéral (réformé)	– coopératives d'épargne et de crédit Desjardins – coopératives de producteurs : agriculteurs, pêcheurs	– suppléance dans les creux du marché (réponse à la crise de la régulation concurrentielle) – appui de l'État qui en fait un axe de sa politique de développement agricole
1930-1950	providence (mise en place)	– coopératives de taxi, coopératives forestières – coopératives de consommation, habitation, scolaires, funéraires	– suppléance dans les creux du marché (problème de l'appauvrissement des classes populaires) – participe d'un élargissement de la demande (réponse à une crise de surproduction)

1960-1975	providence (apogée)	– comités de citoyens – Opérations Dignité, JAL – comptoirs alimentaires – centres communautaires – associations coopératives d'économie familiale (ACEF) – cliniques de santé communautaires – cliniques juridiques – premières garderies	– demande d'extension du fordisme aux zones défavorisées et critique par la demande de cogestion par les usagers – contestation du sort fait aux régions éloignées sous le fordisme : le développement local autocentré contre la fermeture des paroisses de l'arrière-pays (JAL)
1976-1982	providence	Multiplication de groupes populaires et communautaires dans divers secteurs : – groupes de ressources techniques en habitation – centres de santé pour femmes – centres de femmes – maisons d'hébergement – garderies – bureaux de consultation jeunesse – médias communautaires – camps familiaux – coopératives de travail – Fonds de solidarité FTQ	– des initiatives de la période précédente sont intégrées à l'intervention étatique : CLSC, aide juridique – création de services alternatifs (auto-santé, santé mentale), critiques du providentialisme et révélateurs de nouveaux problèmes sociaux (ex. : violence faite aux femmes) – critique du travail taylorisé (premières coopératives de travail)

	Forme de l'État (suite et fin)	Composantes de l'économie sociale	Caractéristiques
1983-1995	postprovidentialiste ou néolibérale	Nouvelle vague d'organismes communautaires : – maisons de jeunes, maisons d'hébergement jeunesse – ressources alternatives en santé mentale, toxicomanie, itinérance – OBNL en habitation – banques alimentaires, magasins partage, cuisines collectives – famille, communautés culturelles, personnes âgées, handicapées Organismes en développement économique communautaire : corporations de développement économique communautaire (CDEC), corporations de développement communautaire (CDC), sociétés d'aide au développement des collectivités (SADC), entreprises d'insertion, Fonds locaux, organismes de développement de l'employabilité Coopératives de travailleurs actionnaires Coopératives d'usagers de services de santé	– création de services alternatifs (jeunesse, toxicomanie, etc.) révélateurs de nouveaux problèmes sociaux (itinérance) – reconnaissance étatique d'initiatives de la période précédente par le biais de partenariats avec l'État (santé mentale) – participation aux structures de concertation régionale (en santé et services sociaux, développement régional et formation de la main-d'œuvre) – nouvelles organisations d'économie sociale sur le terrain de l'économie et de l'emploi – réveil de la thématique du développement local

| 1996-2006 | postprovidentialiste ou néolibérale | Développement de nouveaux secteurs (aide domestique, centres de la petite enfance, environnement, culture, etc.)

Reconnaissance de l'économie sociale au sein de la politique de développement local et régional-CLD, CRES

Reconnaissance de l'action communautaire autonome

Renforcement des réseaux sectoriels et régionaux et développement des institutions intermédiaires (promotion, financement, formation, recherche) | – reconnaissance gouvernementale officielle
– reconnaissance étatique d'initiatives de la période précédente par le biais de partenariats avec l'État (CDEC, entreprises d'insertion, organismes d'employabilité au sein de structures locales de développement)
– coproduction de politiques publiques de soutien à l'économie sociale |

* Concept et périodisation développés par Bourque, Duchastel et Beauchemin (1994)

** Les composantes développées dans une période continuent d'exister dans les périodes ultérieures. Le tableau indique la période d'apparition de nouvelles formes d'économie sociale.

Source: D'Amours, 2002b, mis à jour, 2006

Bibliographie

Allen, J., 1993, «Book Reviews», *International Journal of Urban and Regional Research*, vol. 17, n° 1, mars 1993, p. 147-148.

Alliance coopérative internationale, 1966, *Report of the ICA Commission on Co-operative Principles*, édition électronique, www.coop.org/coop/1966-01.html [consulté le 3 novembre 2006].

Aubry, F. et J. Charest, 1995, *Développer l'économie solidaire: éléments d'orientation*, Montréal, Confédération des syndicats nationaux.

Bélanger, P., J. Boucher et B. Lévesque, 1994, «L'économie solidaire au Québec: la question du modèle de développement», dans Laville, Jean-Louis (dir.), *L'économie solidaire, une perspective internationale*, Paris, Desclée de Brouwer.

Bélanger, P. et B. Lévesque, 1992, «Le mouvement populaire et communautaire: de la revendication au partenariat», dans Daigle, G. et G. Rocher (dir.), *Le Québec en jeu. Comprendre les grands défis*, Montréal, Presses de l'Université de Montréal.

Belleau, J. et M. D'Amours, 1993, *Tous les moyens du bord. Les centres de femmes: des chantiers économiques*, Montréal, L'R des centres de femmes du Québec.

Bouchard, Marie J., 2006, «De l'expérimentation à l'institutionnalisation positive, l'innovation sociale dans le logement communautaire au Québec», dans Bouchard, M. J. (dir.), *Annales de l'économie publique, sociale et coopérative*, numéro thématique sur l'innovation sociale, n° 77-2.

Bouchard, M., 2004, « Vers une évaluation multidimensionnelle et négociée de l'économie sociale », *Revue des études coopératives, mutualistes et associatives*, n° 292, mai, p. 59-74.

Bouchard, M., G. Carré, D. Côté et B. Lévesque, 1995, « Pratiques et législations coopératives au Québec : un chassé-croisé entre coopératives et État », dans *Coopératives, marchés, principes coopératifs*, Zevi, A. et J. L. Monzon Campos (dir.), Bruxelles, De Boeck Université.

Boucher, J., 2002, « Mouvements sociaux et économie sociale : un arrimage en constante reconstruction », *Économie et Solidarités*, vol. 33, n° 2, p. 17-26.

Cangiani, M., 1996, « About the possibility of reversing the process of commodification. The scope of the "nonprofit economy" », article présenté à la *6ᵉ Conférence internationale Karl Polanyi*, Montréal, Karl Polanyi Institute of Political Economy, Université Concordia.

Carpi, J.A.T., 1997, « The prospects for the social economy in a changing world », *Annals of Public and Cooperative Economies*, vol. 68, n° 2, p. 247-279.

Carrier, J., 1996, « Principales modifications à la *Loi sur les coopératives* », *Réseau Coop*, vol. 3, n° 4, p. 5-8.

Chantier de l'économie sociale, 2005, *Raffermir le statut des associations et promouvoir les valeurs démocratiques*, mémoire présenté au registraire des entreprises du Québec, Montréal, février 2005, édition électronique, http://www.chantier.qc. ca/publications/statique/memoires.html [consulté le 3 novembre 2006].

Centre interdisciplinaire de recherche et d'information sur les entreprises collectives Canada (CIRIEC-Canada), *Droit associatif*, mémoire présenté au registraire des entreprises du Québec, Montréal, février 2005, édition électronique, http://www.ciriec.uqam.ca/pdf/droit_associatif.pdf [consulté le 3 novembre 2006].

Coalition pour la promotion des valeurs démocratiques et associatives, 2005, *La réforme du droit associatif met en péril le patrimoine collectif des Québécois*, 2 février 2005, communiqué 2-22005, édition électronique, http://www.csae.com/docs/QC-Coalition.pdf [consulté le 3 novembre 2006].

Comeau, Y. et J. L. Boucher, 1997, « L'économie sociale est-elle un projet de développement crédible? », *Économies et Solidarités*, vol. 28, n° 2, p. 1-10.

Comité d'orientation et de concertation sur l'économie sociale, 1996, *Entre l'espoir et le doute*, Québec.

Conseil de la coopération du Québec, 2005, *Le droit des associations: pour une véritable gouvernance*, mémoire présenté au registraire des entreprises du Québec, Lévis, janvier 2005, édition électronique, http://www.coopquebec.coop/pub/memoires/ [consulté le 3 novembre 2006].

Conseil de la coopération du Québec, 2003, *Mémoire portant sur le projet de loi no. 22*, présenté à la Commission parlementaire de l'économie et du travail portant sur le projet de loi n° 22 – *Loi modifiant la Loi sur les coopératives*, Lévis, novembre 2003, édition électronique, http://www.coopquebec.coop/pub/memoires/ [consulté le 3 novembre 2006].

Conseil québécois de développement social, 1997, *L'économie sociale, dérision ou panacée?*, Actes de la table ronde.

Corbeil, C., F. Descarries et E. Galerand (dir.), 2002, *L'économie sociale du point de vue des femmes*, Actes de colloque, LAREPPS, hors-série, Montréal, UQAM.

D'Amours, M., 2005a, *Economía social, movimientos sociales e institucionalización: la experiencia de Quebec*, conférence, Université de Buenos Aires, Argentine, 11 avril 2005.

D'Amours, M., 2005b, *La economia social en Canada: desarrollo e institucionalizacion*, publication n° 50, Buenos Aires, Centro de Estudios de Sociologia del Trabajo.

D'Amours, M., 2005c, « Economía social y condiciones de trabajo y de empleo: El desafío de la innovación », IVe Colloque international *Las Transformaciones de la modernidad excluyente y las políticas sociales*, Córdoba, Argentine, 15 avril 2005.

D'Amours, M., 2002a, « Processus d'institutionnalisation de l'économie sociale : la part des mouvements sociaux », *Économie et Solidarités*, vol. 33, n° 2, p. 27-40.

D'Amours, M., 2002b, « Économie sociale et développement de l'emploi au Québec : des risques d'une dérive économiciste », *Revue de l'Université de Moncton*, vol. 33, n° 1-2, p. 71-100.

D'Amours, M., 2002c, « Économie sociale au Québec. Vers un clivage entre entreprise collective et action communautaire », *Revue des études coopératives, mutualistes et associatives*, n° 284, mai 2002, p. 31-44.

D'Amours, M., 1997, *Présence de l'économie sociale au Québec, une illustration dans six secteurs et sept régions*, Montréal, Institut de formation en développement économique communautaire (IFDÉC).

David, Françoise (dir.), 1995, *Du pain et des roses, Cahier de revendications et guide d'animation* Marche des femmes contre la pauvreté, Montréal, CDÉACF.

de Jesus, P., 2005, « Développement local », dans Laville, J.-L. et A.D. Cattani (dir.), *Le dictionnaire de l'autre économie*, Paris, Desclée de Brouwer.

Defourny, J., 1994, « Apports et limites de trois approches courantes des associations », *Coopératives et Développement*, vol. 26, n° 1, p. 81-101.

Defourny, J., 1992, « The origins, forms and roles of a third major sector », dans Defourny, J. et J. L. Monzon Campos (dir.), 1992, *Économie sociale, entre économie capitaliste et économie publique/The Third Sector, Cooperative, Mutual and Nonprofit Organizations*, Bruxelles, De Boeck-Wesmael/CIRIEC, p. 27-49.

Defourny, J. et J. L. Monzon Campos (dir.), 1992, *Économie sociale, entre économie capitaliste et économie publique/ The Third Sector, Cooperative, Mutual and Nonprofit Organizations*, Bruxelles, De Boeck-Wesmael/CIRIEC.

Demoustier, D., 1995, « Entretien : L'économie sociale toujours à réinventer », propos recueillis par Jean-Pierre Chanteau, *Alternatives économiques*, avril 1995, n° 126, p. 52.

Deschênes, G., 1980, *Le mouvement coopératif québécois: guide bibliographique*, Montréal, Éditions du Jour, p. 1-13.

Desroche, H., 1983, *Pour un traité d'économie sociale*, Paris, Coopérative d'information et d'édition mutualiste (CIEM).

Desroche, H., 1977, *Économie et sociologie coopératives*, Paris, Coopérative d'information et d'édition mutualiste (CIEM).

Eme, B., L. Favreau, J.-L. Laville et Y. Vaillancourt (dir.), 1996, *Société civile, État et économie plurielle*, Paris, CNRS.

Esping-Andersen, G., 1990, *The Three Worlds of Welfare Capitalism*, Princeton, N.J., Princeton University Press.

Favreau, L. et B. Lévesque, 1996, *Développement économique communautaire, économie sociale et intervention*, Québec, Presses de l'Université du Québec.

Fontan, J.-M. et E. Shragge, 1996, «Let's stop calling Quebec's workfare the social economy», *CCPA Monitor*, vol. 3, n° 5, p. 7.

Fontan, J.-M., 2006, «Richesse collective dans et par l'éco-solidarisme: une voie d'avenir pour le développement des sociétés», ACFAS, Colloque 406, *Mobiliser les solidarités*, McGill.

Fontan, J.-M., 1991, *Les corporations de développement économique communautaire montréalaises. Du développement communautaire au développement local de l'économie*, thèse de doctorat, Montréal, Université de Montréal, Département de sociologie.

Girard, J.-P., 1995, *Connaissance de l'économie coopérative québécoise: quelques repères*, n° 0995-069, Montréal, Cahiers de la Chaire Guy-Bernier – UQAM.

Gislain, H. et C. Deblock, 1989, «L'économie sociale en perspective: émergence et dérive d'un projet de société», dans Lévesque, B., A. Joyal et O. Chouinard (dir.), *L'autre économie, une économie alternative?*, Québec, Presses de l'Université du Québec.

Gouvernement du Québec, Assemblée nationale, 2003, Projet de loi n° 24, *Loi modifiant la loi sur les coopératives de services financiers*, Québec, Éditeur officiel du Québec.

Gouvernement du Québec, Assemblée nationale, 2000, Projet de loi n° 238, *Loi sur le Mouvement Desjardins*, Québec, Éditeur officiel du Québec.

Gouvernement du Québec, Assemblée nationale, 1998, Projet de loi n° 188, *Loi sur la distribution de produits et services financiers*, Québec, Éditeur officiel du Québec.

Gouvernement du Québec, Assemblée nationale, 1997, *Loi sur les coopératives*, L.R.Q., chapitre C-67.2, Québec, Éditeur officiel du Québec.

Grandjean, B., 1978, «Book reviews», *Social Force*, vol. 57, n° 2, décembre 1978, p. 740-741.

Groupe de travail sur l'économie sociale, 1996, *Osons la solidarité! Rapport du groupe de travail sur l'économie sociale*, Montréal, Chantier sur l'économie et l'emploi.

Hirshhorn, R. (dir.), 1997, «The Emerging Sector: In Search of a Framework», CPRN Study n° CPRN|01, Ottawa, Canadian Policy Research Networks Inc.

Holmes, W., 1980, «Book Reviews», *Sociology of Work and Occupations*, vol. 7, n° 1, p. 117-118.

Jenson, J., 2004, *Les nouveaux risques sociaux au Canada. Des orientations pour une nouvelle architecture sociale*, Réseaux canadiens de recherche en politiques publiques (RCRPP), rapport de recherche F/43, septembre.

Jolin, L. et G. LeBel (dir.), 2001, *L'Association: du contrôle à la liberté*, Montréal, Éditions Wilson & Lafleur.

Jolin, L., 1991, «Place et rôle des associations au Québec: les défis de la décennie 90», dans Malenfant, R. et L. Jolin (dir.), *Gestion et développement des associations sans but lucratif et partenaires en philanthropie*, numéro spécial de la revue *Inter-Action*, Québec, Les Éditions du CÉPAQ.

Klein, J.-L. et B. Lévesque (dir.), 1995, *Contre l'exclusion, repenser l'économie*, actes du 13ᵉ colloque de l'Association d'économie politique, 14 et 15 octobre 1994, Québec, Presses de l'Université du Québec.

Lamoureux, H., J. Lavoie, R. Mayer et J. Panet-Raymond, 2003 (2ᵉ édition), *La pratique de l'action communautaire*, Québec, Presses de l'Université du Québec.

Laville, J.-L., 1995, «L'économie solidaire: une nouvelle forme d'économie sociale?», *Revue des études coopératives, mutualistes et associatives*, n° 255, p. 70-80.

Laville, J.-L. (dir.), 1994, *L'économie solidaire, une perspective internationale*, Paris, Sociologie économique/Desclée de Brouwer.

Laville, J.-L. (dir.), 1993, «L'économie solidaire», dossier de la revue *Travail*, n° 29, été/automne 1993, Paris.

Laville, J.-L., 1992, *Les services de proximité eu Europe*, Paris, Syros.

Laville, J.-L., B. Lévesque et M. Mendell, 2005, *L'économie sociale: diversité des trajectoires historiques et des constructions théoriques en Europe et au Canada*, n° C-12-2005, Montréal, ARUC-ÉS.

Laville, J.-L. et A. D. Cattani, 2005, *Dictionnaire de l'autre économie*, Paris, Desclée de Brouwer.

Le Monde, 1995, «Chômage: appel au débat», Appel collectif, supplément *Initiatives*, 28 juin, p. 4. Repris dans *Nouvelles pratique sociales*, vol. 8, n° 2.

Lévesque, B., 2003a, «Mondialisation, démocratie plurielle, économie sociale et solidaire», *Économie et Solidarités*, hors-série, p. 103-121.

Lévesque, B., 2003b, «Vers un modèle québécois de seconde génération?», dans Venne, M. (dir.), *Justice, démocratie et prospérité. L'avenir du modèle québécois*, Montréal, Québec Amérique.

Lévesque, B., 2002, *Les entreprises d'économie sociale, plus porteuses d'innovations que les autres?*, Montréal, Cahiers du CRISES, n° 0205.

Lévesque, B., 1997a, *L'économie sociale: dérision ou panacée?*, actes du colloque du Conseil québécois de développement social, Montréal, janvier 1997, p. 5-10.

Lévesque, B. (dir.), 1997b, *Desjardins: une entreprise et un mouvement?*, Québec, Presses de l'Université du Québec.

Lévesque, B., 1997c, *Démocratisation de l'économie et économie sociale: un scénario radical pour de nouveaux partages*, Montréal, CRISES, n° 9705.

Lévesque, B., 1994, « L'institutionnalisation et le financement des services de proximité au Québec », *Coopératives et développement*, vol. 26, n° 2, p. 83-104.

Lévesque, B. 1993, « Les coopératives au Québec, deux projets distincts pour une société? », dans Bardos-Féltoronyi, N. *et al.*, *Coopération, défis pour une démocratie économique*, Bruxelles, Éditions Vie ouvrière.

Lévesque, B., 1991, « Présentation – La coopération, une formule en mutation », *Coopératives et développement*, vol. 22, n° 2, p. 1-11.

Lévesque, B., 1980, « Coopératives et socialisme au Québec: Perspectives pour l'an 2000 », *Interventions critiques en économie politique*, n° 6, 1980, p. 193-209.

Lévesque, B. et M. Mendell, 2004, « L'économie sociale: diversité des approches et des pratiques », proposition pour le nouveau programme des ARUC en économie sociale, document de travail pour la présidence du CRSH, édition électronique.

Lévesque, B., M. Mendell, M. Bouchard, R. Rouzier, G. L. Bourque et B. Plante, 2004b, « L'investissement communautaire au Québec », Montréal, UQAM et Concordia University, Association pour l'investissement responsable (AIR), 6 novembre.

Lévesque, B., Y. Comeau, D. Martel, J. Desrochers et M. Mendell, 2003, *Les fonds régionaux et locaux de développement en 2002*, Montréal, CRISES, n° ET0309.

Lévesque, B. et M. Mendell, 1999, « L'économie sociale au Québec: éléments théoriques et empiriques pour le débat et la recherche », *Lien social et Politiques*, n° 41, p. 105-118.

Lévesque, B. et W. A. Ninacs, 1997, *L'économie sociale au Canada: l'expérience québécoise*, Paris, Organisation de coopération et de développement économiques.

Lévesque, B., M. Bouchard et M. Grant, 1997, «Le Mouvement Desjardins : quelques enjeux majeurs», dans Lévesque, B. avec la collaboration de M. Bouchard *et al.*, *Desjardins : une entreprise et un mouvement*, Presses de l'Université du Québec.

Lévesque, B., G. L. Bourque et É. Forgues, 1997, *Renouveau de la sociologie économique de langue française : originalité et diversité des approches*, Montréal, CRISES, n° 9701.

Lévesque, B., M. Mendell et S. Van Kemenade, 1996, *Profil socio-économique des fonds de développement régional et local*, Montréal, Bureau fédéral de développement régional.

Lévesque, B. et M.-C. Malo, 1992, «L'économie sociale au Québec : une notion méconnue, une réalité économique importante», dans Defourny, J. et J. L. Monzon Campos (dir.), 1992, *Économie sociale, entre économie capitaliste et économie publique/ The Third Sector, Cooperative, Mutual and Nonprofit Organizations*, Bruxelles, De Boeck-Wesmael/ CIRIEC.

Lewis, M., 2004, «Common ground. CED & the social economy-sorting out the basics», *Making Waves*, vol. 15, n° 1, p. 7-11.

Malo, M.-C., 2001, «La restructuration de Desjardins comparée à la Caixa : vers une fédération ou une coopérative unique?», dans Gagnon, A. et J.-P. Girard (dir.), *Le mouvement coopératif au cœur du XXIe siècle*, Québec, Presses de l'Université du Québec.

Malo, M.-C., 1991, «Les associations au sein de l'économie sociale», dans Malenfant, R., Jolin L. (dir.), *Gestion et développement des associations sans but lucratif et partenaires en philanthropie II*, numéro spécial d'*Inter-Action*, Montréal, Les Éditions du CEPAQ, octobre, p. 39-47.

Malo, M.-C. et A. Lejeune, 2002, «Le modèle coopératif Desjardins : évolution et enjeux», *L'Action nationale*, vol. 93, n° 5, p. 86-127.

McMullen, K. et G. Schellenberg, 2003, *Job quality in non-profit organizations*, Réseau canadien de recherche en politiques publiques (RCRPP), janvier 2003.

Mendell, M. et B. Lévesque, 2004, *The Social Economy: Diverse Approaches and Practice*, PRP-CRSH, Ottawa, 28 septembre 2004.

Mendell, M., B. Lévesque et R. Rouzier, 2003, « New forms of financing social economy enterprises and organisations in Quebec », dans *The Non-profit Sector in a Changing Economy*, Paris, OECD.

Monzon Campos, J. L., 1992, « The social economy: third sector in an evolving system », dans Defourny, J. et J. L. Monzon Campos (dir.), *Économie sociale, entre économie capitaliste et économie publique/The Third Sector, Cooperative, Mutual and Nonprofit Organizations*, Bruxelles, De Boeck-Wesmael/CIRIEC.

Ninacs, W. A. et M. Toye, 2002, « A review of the theory and practice of social economy/Économie sociale au Canada », *SDRC Working Paper Series*, n° 02-02, Ottawa, Social Research and Demonstration Corporation.

Ninacs, W. A., 1992, *Réflexions sur le mouvement communautaire et le développement local et régional*, communication, Rawdon, Québec, Université populaire d'été du Centre de formation populaire.

Parodi, M., 1989, *L'économie sociale en France*, communication au colloque de Bayonne, avril.

Perry, S. et M. Lewis, 1994, *Reinventing the Local Economy*, Vernon (C.-B.), Center for Community Entreprise.

Petitclerc, M., 2004, « Une forme d'entraide populaire: histoire des sociétés québécoises de secours mutuels au 19ᵉ siècle », thèse de doctorat, Montréal, UQAM, Institut de recherche en économie contemporaine, format électronique: http://www.irec.net/publications/444.pdf.

Petitclerc, M., 2002, « La solidarité face au marché. Quelques réflexions sur l'histoire de la mutualité au Québec », *Revue des études coopératives, mutualistes et associatives*, n° 283.

Polanyi, K., 1983 [1944], *La grande transformation, aux origines politiques et économiques de notre temps*, Paris, Gallimard.

Rouzier, R., 2005, *Desjardins depuis la réingénierie: où va l'emploi?*, Forum syndical sur l'avenir des syndicats chez Desjardins, Québec, Fédération du commerce (CSN), 17-18 mars 2005.

Sauvage, R., 1996, «Synthèse», dans *Réconcilier l'économique et le social: vers une économie plurielle*, Paris, OCDE, p. 9-27.

Shragge, E. (dir.), 1997, *Community Economic Development: In search of empowerment*, Montréal, Black Rose Books.

Vaillancourt, Y., 1996, «Sortir de l'alternative entre privatisation et étatisation dans la santé et les services sociaux», dans Eme, B., J. L. Laville, L. Favreau et Y. Vaillancourt (dir.), *Société civile, État et économie plurielle*, Paris, CNRS.

Vienney, C. et J.-G. Desforges, 1980, «Rapports d'activités et rapports de sociétariat», dans *Stratégie et organisation de l'entreprise coopérative*, Montréal, Éditions du Jour.

Vienney, C., 1994, *L'économie sociale*, La Découverte, Paris.

Vienney, C., 1986, *Les activités, les acteurs et les règles des organisations de l'économie sociale*, Paris, Centre d'éducation permanente.